AF556609

Peggy und Patrick Leiverkus

Die 40 bekanntesten archäologischen Stätten entlang der

Via Agrippa

in Deutschland, Luxemburg und Frankreich

Peggy und Patrick Leiverkus

Die 40 bekanntesten archäologischen Stätten entlang der Via Agrippa in Deutschland, Luxemburg und Frankreich

152 Seiten mit 78 Abbildungen und 5 Karten

Titelbild: Deutschland: Igeler Säule, Igel © Peggy und Patrick Leiverkus
Luxemburg: Der Grabtempel in Bech-Kleinmacher © Peggy und Patrick Leiverkus
Frankreich: Glanum, *Les Antiques*: Ehrenbogen und Mausoleum © Peggy und Patrick Leiverkus
Frontispiz: Der Augustustempel in Nîmes

Bibliografische Information der Deutschen Nationalbibliothek
Die Deutsche Nationalbibliothek verzeichnet diese Publikation in der Deutschen Nationalbibliografie; detaillierte bibliografische Daten sind im Internet über http://dnb.d-nb.de abrufbar.

© 2017 by Nünnerich-Asmus Verlag & Media GmbH, Mainz am Rhein

ISBN 978-3-945751-76-3

Lektorat: Anne Hessinger, Benedikt Gschaider
Gestaltung: Bild1Druck GmbH, Berlin
Gestaltung Titelbild: Addvice, Mainz
Druck: Himmer GmbH Druckerei, Augsburg

Alle Rechte, insbesondere das der Übersetzung in fremde Sprachen, vorbehalten. Ohne ausdrückliche Genehmigung des Verlages ist es auch nicht gestattet, dieses Buch oder Teile daraus auf fotomechanischem Wege (Fotokopie, Mikrokopie) zu vervielfältigen oder unter Verwendung elektronischer Systeme zu verarbeiten und zu verbreiten.

Printed by Nünnerich-Asmus Verlag & Media GmbH

Weitere Titel aus unserem Verlagsprogramm finden Sie unter: www.na-verlag.de

Inhalt

LUXEMBURG

Remich

FRANKREICH

Grand Est

Bourgogne-Franche-Comté

Auvergne-Rhône-Alpes

„Die beste Bildung findet ein gescheiter Mensch auf Reisen."

Johann Wolfgang von Goethe

VORWORT

Südfrankreich ist für uns sonnenhungrige Mitteleuropäer ein beliebtes Reiseziel, und wer kein Flugzeug gebucht hat, wird die weite Strecke Richtung Nizza, Marseille oder weiter nach Spanien mit dem Auto auf sich nehmen. Die Autobahnstrecke, auf der sich die Sonnenanbeter irgendwann treffen, führt über Nancy und Lyon geradewegs nach Süden. Nur die wenigsten wissen, dass diese Hauptverkehrsachse, die Deutschland mit der französischen Mittelmeerküste verbindet, schon zur Regierungszeit des Kaisers Augustus, also vor ca. 2.000 Jahren, von den Römern angelegt wurde. Im Wesentlichen folgt die moderne Strecke von Köln bis zum Mittelmeer immer noch dieser antiken Trasse – auf einer Strecke von ca. 1.000 km. Dieses Wissen weckt Neugier – Neugier auf das, was es von dieser alten Straße noch am Wegesrand zu sehen gibt. Und tatsächlich zeigt sich beim genaueren Hinsehen, dass die Römer praktisch überall ihre Spuren hinterlassen haben, und je mehr man diesen Spuren folgt, desto bewusster wird einem, wie sehr doch die willensstarken Eroberer aus Latium die mittel- und westeuropäische Landschaft und Kultur geprägt haben.

Am meisten Vergnügen macht diese Entdeckungsreise, wenn die einzelnen, zunächst unzusammenhängenden antiken Orte und Monumente irgendwann ein Gesamtbild ergeben, wenn man architektonische Strukturen und Namen wiedererkennt, wenn die 2.000 Jahre alte Straße beginnt, eine Geschichte zu erzählen (Abb. 1). Wenn man sich vorstellt, wie derselbe Händler, der mit seinem Ochsengespann die steile Serpentine im nebligen Wald bei Nettersheim hochgekrochen ist, Wochen später, vom Gesang der Zikaden begleitet, schon von Weitem auf der schnurgeraden Straße den Ehrenbogen von Arausio (Orange) erspähte und seinen Ochsen zum letzten Kraftakt anspornte. Wenn man sich vorstellt, dass anstelle der Tankstelle, in der man einen Kaffee trinkt, früher eine Pferdewechselstation gestanden hat, oder anstelle eines Hotels ein Tempel, an dem Reisende den Gott Merkur um eine sichere Reise bitten konnten. Wenn man sich fragt, welche der pulsierenden Metropolen der gallischen Provinzen wie Arausio (Orange) oder Vienna (Vienne) oder Lugdunum

(Lyon) mit ihren imposanten Bauten den Durchreisenden wohl am besten gefallen hat?

Und natürlich sind da auch die antiken Persönlichkeiten, die uns im Verlauf der Reise immer wieder begegnen, weil sie durch ihre Eroberungs-, Regierungs- und Baupolitik die Via Agrippa und die sie umgebenden Landschaften und Orte geprägt haben. Der erste große Name in diesem Zusammenhang ist gewiss Gaius Iulius Caesar, der im Jahr 57 v. Chr. loszog, um seinen berühmten Gallischen Krieg zu führen. In dessen Zug gelang es ihm, Gallien und Germanien bis zum Rhein zu erobern. Eine dauerhafte Sicherung der Rheingrenze oder gar einen Frieden mit den keltischen Völkern erreichte er allerdings nicht. Weitere Fortschritte machte bald nach Caesars Tod (44 v. Chr.) der in den Jahren 39/38 v. Chr. als Statthalter Galliens eingesetzte Staatsmann Marcus Vipsanius Agrippa, dem es gelang durch Diplomatie und Umsiedlungen die linke Seite des Rheins zu sichern. Die Germanen machten den römischen Eroberern das Leben allerdings nicht leicht, und so mussten Truppen an den Rhein geschafft werden, um die Grenzen des Reiches zu verteidigen. Damit viele Legionäre so schnell wie möglich eine weite Strecke zurücklegen konnten, bedurfte es guter Straßen und Versorgungsposten. Wege gab es freilich schon in Gallien, aber erst Agrippa sorgte in seiner zweiten Statthalterschaft in Gallien in den Jahren 19/18 v. Chr. dafür, dass ein gut ausgebautes Wegenetz in Gallien errichtet wurde. Von Lugdunum (Lyon) aus wurden auf sein Geheiß mehrere Fernstraßen in alle Himmelsrichtungen erbaut. Auch wurden Raststätten mit Übernachtungsmöglichkeiten *(mansiones)*, Pferdewechselstationen *(mutationes)* und Gutshöfe, die vor allem für die Legionäre Lebensmittel produzierten *(villae rusticae)*, entlang dieser staatlichen Straßen *(viae publicae)* eingerichtet. Deshalb sind eigentlich alle von Lugdunum ausgehenden Fernstraßen „Agrippastraßen", aber

Abb. 1 Endlose Felder und Hügel in der Eifel.

Abb. 2 Blick vom Grabtempel in Bech-Kleinmacher auf das Moseltal.

der Name Via Agrippa – eine neuzeitliche Namensgebung – hat sich irgendwann für die längste Strecke, die Nord-Süd-Achse zwischen Köln und Arles, durchgesetzt. Zu Agrippas Infrastrukturprogramm gehörte auch die Versorgung der großen Städte mit Trink- und Badewasser, so gehen viele Wasserleitungen, wie z. B. der *Pont du Gard*, auf ihn zurück. Agrippa war ein richtiges Organisationstalent. Auch sein Jugendfreund Octavian, später Kaiser Augustus, ist einer der Protagonisten entlang unserer Reise. Er richete z. B. den kaiserlichen Kurierdienst *(cursus publicus)* ein, der auf kürzestem und schnellstem Wege, sprich auf den großen Fernststraßen wie der Via Agrippa, wichtige Nachrichten überbrachte. In seiner Regierungszeit – meistens im Zusammenwirken mit Agrippa, der bis zu seinem Lebensende Augustus' wichtigster Vertrauter und dessen rechte Hand war – versah er viele gallische Städte durch den Status *colonia* mit den römischen Bürgerrechten und ließ sie mit öffentlichen Bauten ausstatten. So begann in vielen Städten – und eben auch an der Via Agrippa – der wirtschaftliche Aufschwung.

Die neu angelegten Fernstraßen, die die großen Militär- und Handelsplätze immer möglichst auf der kürzesten Strecke verbanden, waren breit und wetterfest angelegt. Die Fahrbahnen wurden aufwendig gebaut, mit mehreren Geröll- und Kiesschichten, die nach oben hin immer feiner wurden und in der Nähe von größeren Orten meistens mit einer Schicht von Steinplatten abgeschlossen waren. Die Straßen waren in ihrer Gesamtanlage bis

Abb. 3 Blick vom röm. Grabtempel „Grutenhäuschen" auf das Moseltal.

zu 25 m breit, sodass mindestens zwei Fuhrwerke, aber am Rand auch Fußgänger, einander gleichzeitig passieren konnten. An manchen Stellen, z. B. bei schwierigem Gelände, wurden die Trassen auch manchmal geteilt, sodass man bei Überflutung eine Ausweichstraße hatte, oder der steilere Weg für den Aufstieg und der seichtere für den Abstieg einer Höhe benutzt werden konnte. Für die Orientierung gab es Meilensteine. Meistens waren das zwischen 1,50 und 3 m hohe Steinzylinder am Wegesrand, auf denen eine Entfernungsangabe in römischen Meilen (1 *mille passuum* = ca. 1.480 m) stand, ausgehend vom nächstliegenden Stadttor. Ab dem frühen 3. Jh. setzte sich nördlich von Lugdunum (Lyon) das gallische Längenmaß Leuge durch (1 *leuga* ca. 2.220 m, siehe Tabula Peutingeriana: *Lugduno*). Auch der Name des Kaisers, unter dessen Herrschaft die Steine errichtet worden waren, wurde auf die Steine gemeißelt, dazu meistens seine Ämter und Ehren. Dadurch ist es uns auch möglich, den Zeitpunkt ihrer Errichtung und so der Straßennutzung zu berechnen.

Länge und Verlauf der Via Agrippa kennen wir allerdings nicht nur durch die archäologischen Funde wie z. B. Meilensteine und Reste des antiken Straßendammes, sondern auch durch einige wenige erhaltene antike Karten und Wegeverzeichnisse. Eine wertvolle Quelle ist die spätmittelalterliche Kopie einer antiken Weltkarte, auf der die Straßen und Verbindungslinien des gesamten Römischen Reiches und noch darüber hinaus mit ihren Knotenpunkten und Etappenorten graphisch dargestellt sind: die

Abb. 4 Blick von Orange auf den Mont Ventoux.

Tabula Peutingeriana. Da diese Karte mit Sicherheit über die Jahrhunderte mehrfach kopiert wurde, ist es nicht möglich, ihre genaue Quelle ausfindig zu machen. Tatsächlich ist es aber wahrscheinlich, dass sie, wie auch unsere Straße selbst, auf Agrippa zurückgeht, der eine große Weltkarte in Stein meißeln ließ, die in einer Halle auf dem Marsfeld in Rom angebracht werden sollte. Augustus ließ sie nach dessen Tod fertigstellen und an seinem Grab anbringen. Diese Karte wurde vermutlich mehrfach kopiert und diente möglicherweise auch als Vorlage für eine Karte aus dem 4. Jh., deren Abschrift wiederum unsere Tabula ist. Durch das häufige Kopieren haben sich die Namen der Orte im Laufe der Zeit etwas geändert und den Kopisten sind Fehler unterlaufen, die weitergegeben wurden. Z. B. heißt der Etappenort der Via Agrippa *Vienna* (Vienne) auf der Karte *Vigenna*; aus *Tinurtium* (Tournus) wurde *Tenurcio*. Beim Zeichnen der Via Agrippa hat der Kopist auch vergessen, eine durchgängige Linie von *Mose* (möglicherweise Meuvy) nach *Andemantunnum* (Langres) zu ziehen, sodass der unwissende Wanderer einen langen Umweg über *Durocortorum* (Reims) machen müsste.

In diesem Kulturreiseführer finden sich viele der auf der Tabula genannten Etappenorte wieder, wie *Cabillione* (Chalon-sur-Saône) oder *Beda* (Bitburg). Dann wurden aber auch solche Orte ausgewählt, die zu klein sind, um auf der Karte zu stehen, aber direkt an der Via Agrippa liegen, wie z. B. die Grabmonumente in Luxemburg. Auch besondere Orte, die in der Nähe der Via Agrippa liegen und sehenswert sind, haben ihren Weg in dieses Buch gefunden, wie z. B. *Vasio* (Vaison-la-Romaine) oder die Kalkbrennerei in Iversheim. Einen Exkurs schließlich bilden die drei etwas abseits gelegenen Orte Alesia, Autun (Augustodunum) und Bibracte, die dazu einladen, sich auf die Spuren des Gallischen Krieges zu begeben und Iulius Caesar näher kennenzulernen. All diese Orte sind jedoch verbunden durch

die „Adern“ des Imperiums. Allen voran natürlich durch die Via Agrippa als „Pulsader“, aber auch durch Ausfallstraßen und natürlich Wasserleitungen, die neben den Straßen einen wichtigen Teil der römischen Infrastruktur darstellen. Die einzelnen Orte sind zur besseren Übersicht in Deutschland den Bundesländern, in Luxemburg den Kantonen und in Frankreich den Regionen zugeordnet.

Mit dem Besuch all dieser spannenden, großen und kleinen, bedeutenden und geheimen Orte der Antike reisen Sie nun also nicht mehr einfach nur auf der A1 oder der A31 gen Süden, sondern auch auf der Via Agrippa. Sehen Sie die wunderschönen Landschaften auf Ihrer Reise mit anderen Augen und machen Sie Ihren Weg zum Ziel!

Abb. 5 Blick vom Mont Beuvray (Bibracte) auf den Parc Naturel Régional du Morvan in der Bourgogne.

Literatur:

Hagen, J.: Römerstraßen der Rheinprovinz. Erläuterungen zum geschichtlichen Atlas der Rheinprovinz. Achter Band. Bonn 1931.

Weber, E.: Tabula Peutingeriana. Codex Vindobonensis 324. Kommentar. Graz 1976.

Miller, K.: Itineraria Romana. Nachdruck von 1916. Bregenz 1988.

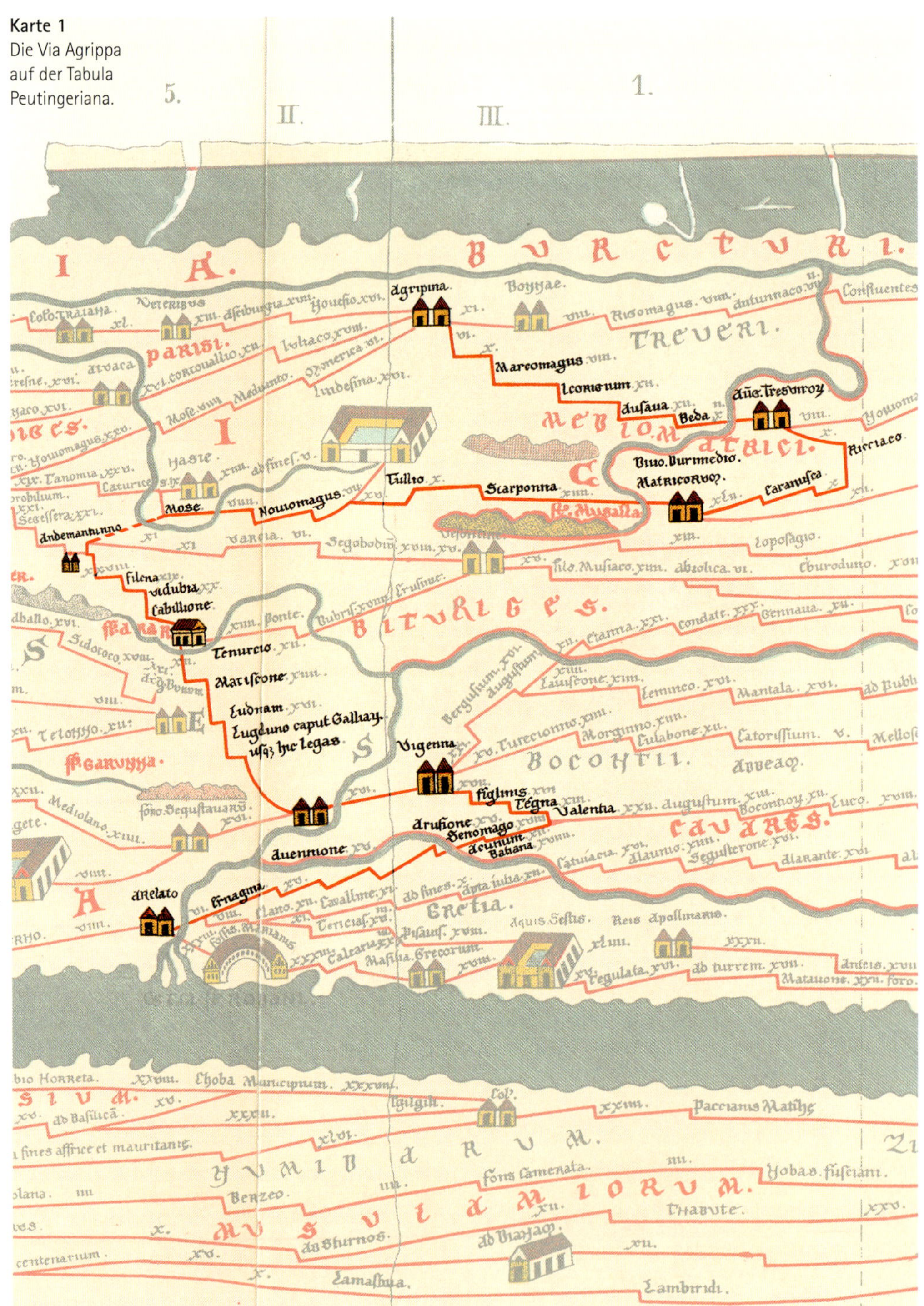

Karte 1
Die Via Agrippa auf der Tabula Peutingeriana.

LEGENDE TABULA PEUTINGERIANA

Agripina (Colonia Claudia Ara Agrippina)	Köln (1)
Marcomagus	Nettersheim (4)
Icorigium	Jünkerath
Ausava	Oos
Beda	Bitburg (7)
Aug. Tresvirorum (Augusta Treverorum)	Trier (9)
Ricciaco (Ricciacus)	Dalheim (15)
Caranusca	Thionville
Diuo. Durimedio. Matricorum. (Divodurum Mediomatricorum)	Metz (16)
Scarponna	Dieulouard (18)
Tullio (Tullum)	Toul
Noviomagus	Pompierre?
Mose (Mosa)	Meuvy?
Andemantunno (Andemantunnum)	Langres (20)
Filena (Tilena)	Til-Châtel
Vidubia	Saint Bernard?
Cabillione (Cabillonum)	Chalon-sur-Saône (25)
Tenurcio (Tinurtium)	Tournus (26)
Matiscone (Matiscum)	Mâcon
Ludnam (Lunna)	zwischen Villefranche und St. Georges de Reneins
Lugduno (Lugdunum) caput Galliarum usque hic legas – ((Verwaltungs-)Hauptort Galliens, bis hier Leugen: *die Wegestrecken wurden von hier nach Norden in gallischen Leugen gezählt, nach Süden in römischen Meilen)*	Lyon (27)
Vigenna (Vienna)	Vienne und Saint-Romain-en-Gal (29)
Figlinis (Ficlinis)	Saint-Rambert-d'Albon
Tegna	Tain l'Hermitage
Valentia (*auch* Civitas Valentinorum)	Valence (30)
Batiana	Saulce-sur-Rhône?
Acunum	Montélimar
Senomago (Augusta Tricastinorum)	Saint-Paul-Trois-Châteaux (33)
Arusione (Colonia Julia Secundanorum Arausio)	Orange (34)
Avennione (Colonia Iulia Augusta Avenionesium)	Avignon
Ernagina	Saint-Gabriel
Arelato (Colonia Julia Paterna Arelate Sextanorum)	Arles (38)

Karte 2
Übersichtskarte Via Agrippa.

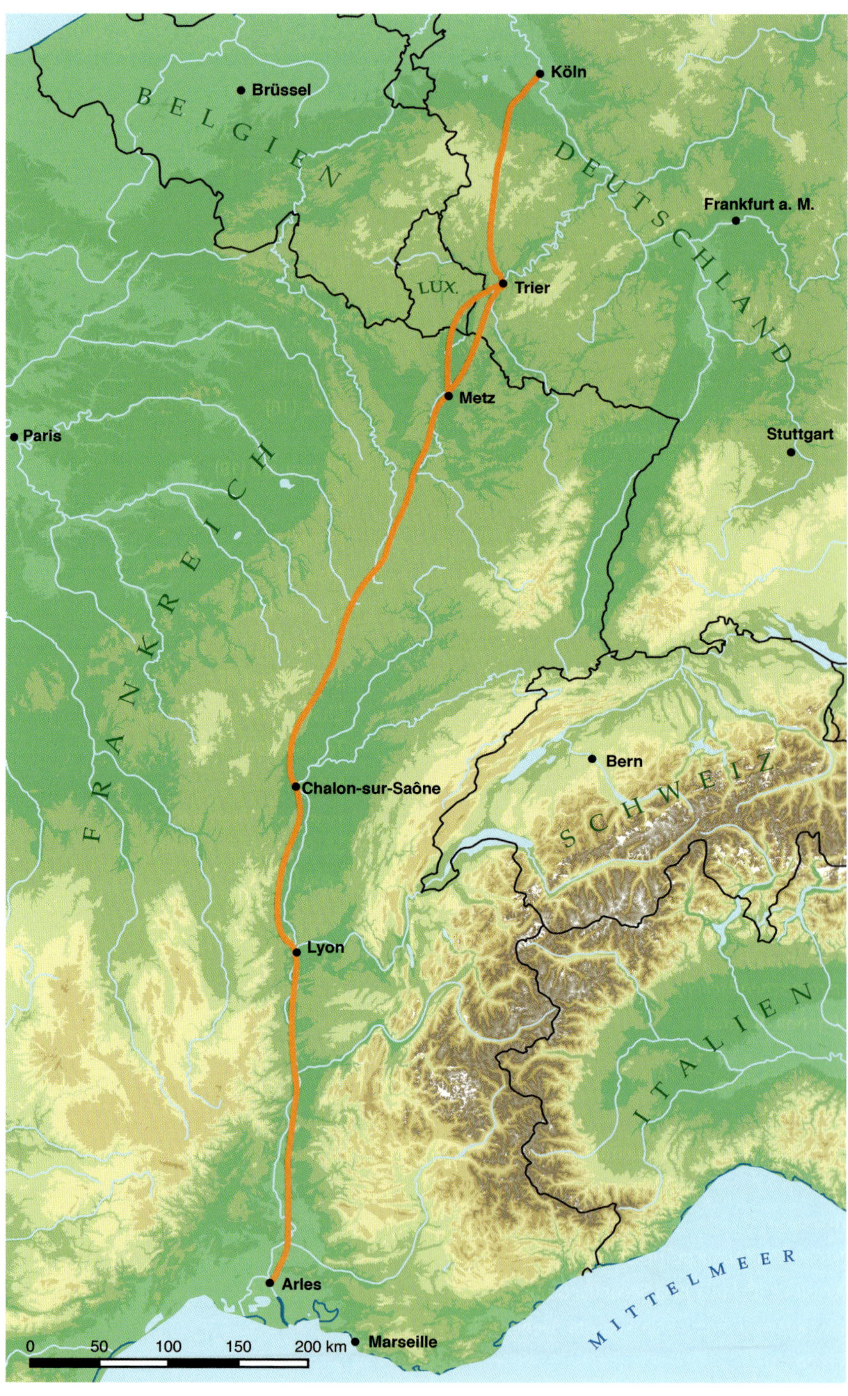

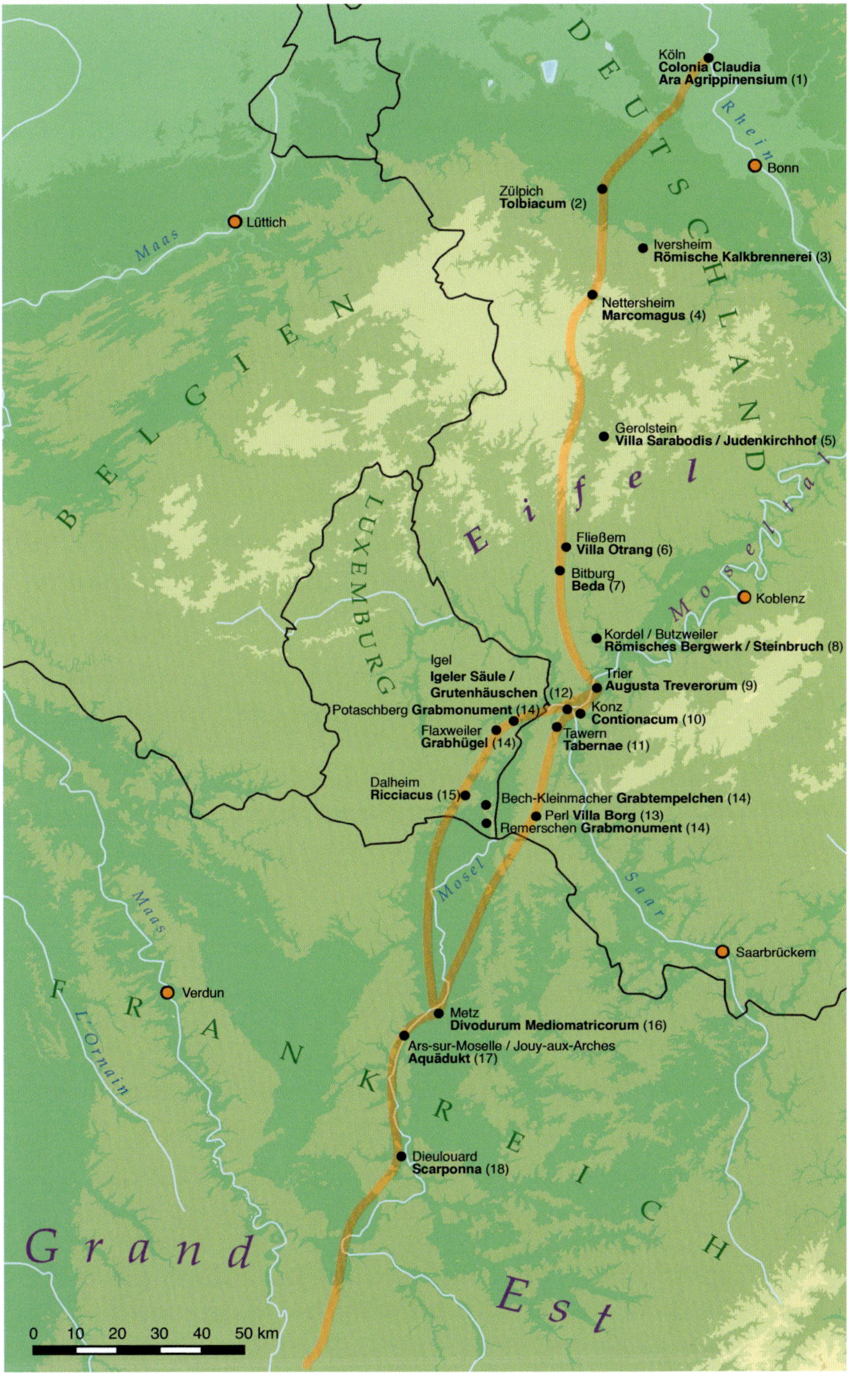

Karte 3
Etappe 1 der Via Agrippa.

Karte 4
Etappe 2 der Via Agrippa.

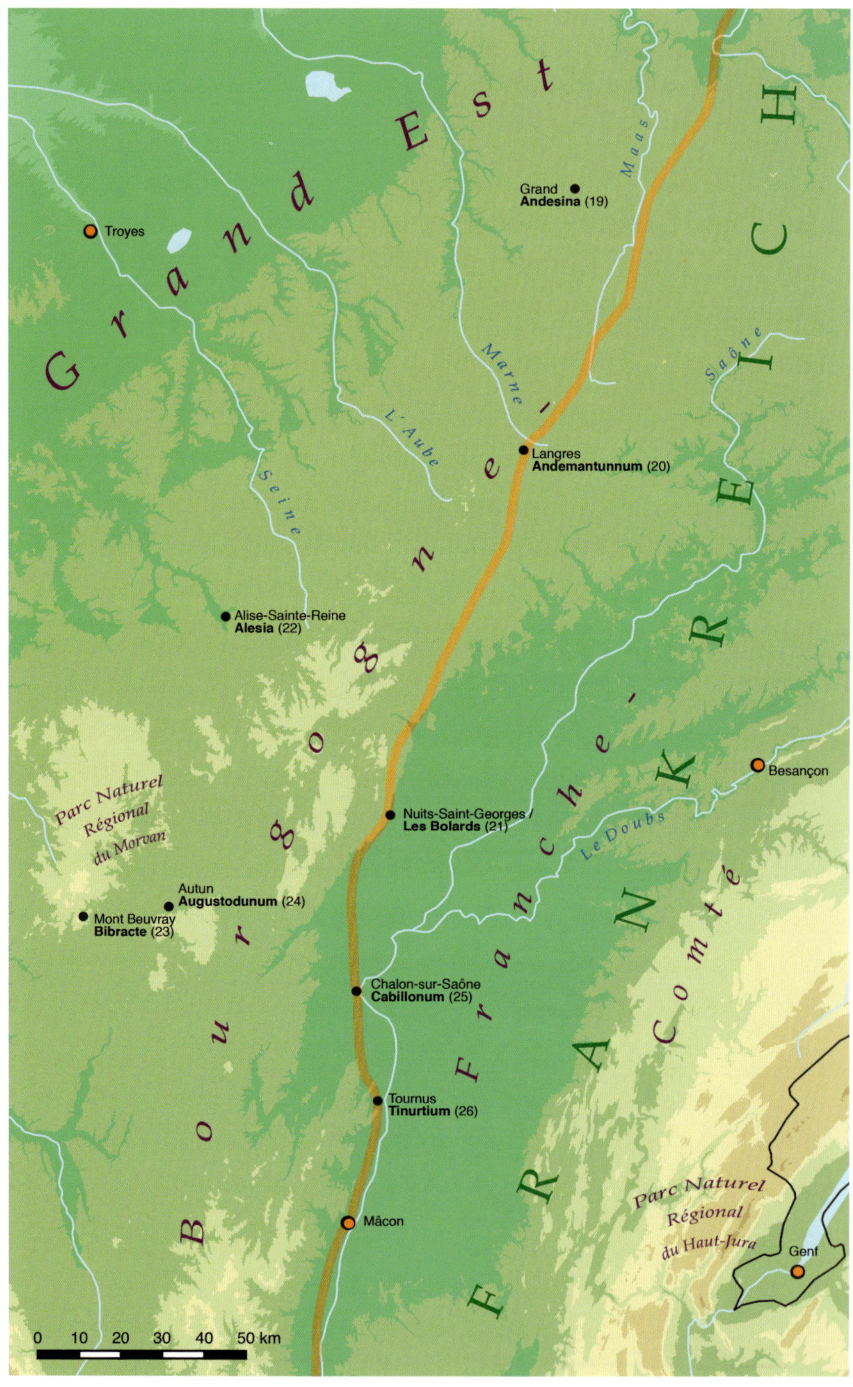

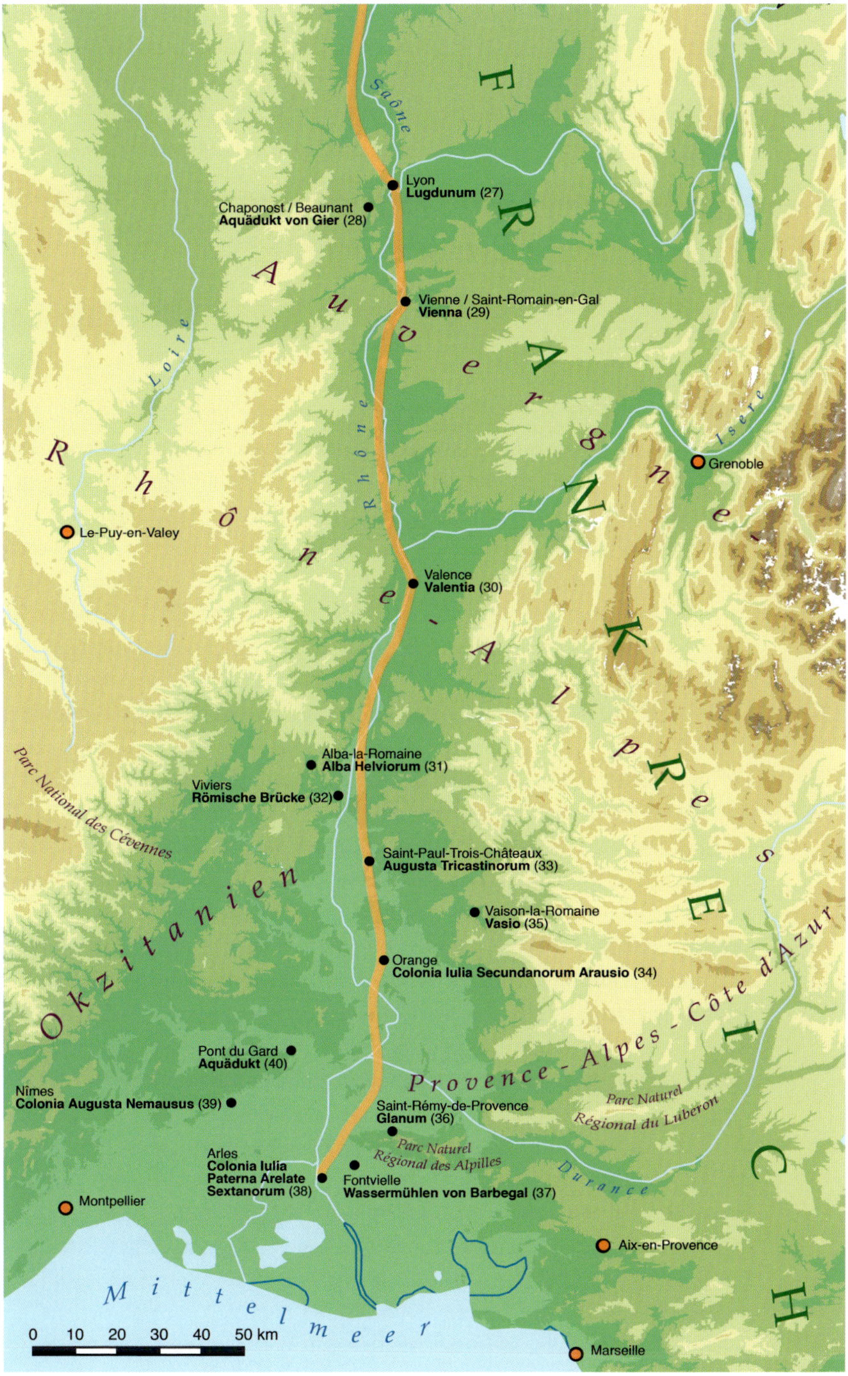

Lyon
Lugdunum (27)
Chaponost / Beaunant
Aquädukt von Gier (28)
Vienne / Saint-Romain-en-Gal
Vienna (29)
Valence
Valentia (30)
Alba-la-Romaine
Alba Helviorum (31)
Viviers
Römische Brücke (32)
Saint-Paul-Trois-Châteaux
Augusta Tricastinorum (33)
Vaison-la-Romaine
Vasio (35)
Orange
Colonia Iulia Secundanorum Arausio (34)
Pont du Gard
Aquädukt (40)
Nîmes
Colonia Augusta Nemausus (39)
Saint-Rémy-de-Provence
Glanum (36)
Arles
Colonia Iulia Paterna Arelate Sextanorum (38)
Fontvielle
Wassermühlen von Barbegal (37)
Grenoble
Le-Puy-en-Valey
Montpellier
Aix-en-Provence
Marseille
Saône
Loire
Rhône
Isère
Durance
FRANKREICH
Auvergne-Rhône-Alpes
Rhône-Alpes
Okzitanien
Provence-Alpes-Côte d'Azur
Parc National des Cévennes
Parc Naturel Régional du Luberon
Parc Naturel Régional des Alpilles
Mittelmeer
0 10 20 30 40 50 km

Karte 5
Etappe 3 der Via Agrippa.

Den Germanen am anderen Rheinufer war die mit hohen Mauern geschützte Hauptstadt der Provinz Germania Inferior ein Dorn im Auge. Schon allein, weil einer ihrer Stämme – die Ubier – abtrünnig geworden und zu den Römern übergelaufen war und nun die Reichsgrenze gegen ihre eigenen Verwandten schützte.

01 KÖLN – COLONIA CLAUDIA ARA AGRIPPINENSIUM: HAT AGRIPPA AUCH KÖLN GEGRÜNDET?

DEUTSCHLAND Nordrhein-Westfalen

Der Bau der Via Agrippa und die Gründung des antiken Köln sind eng miteinander verwoben. Wahrscheinlich siedelte Agrippa während seiner zweiten Statthalterschaft 20/19 v. Chr. den germanischen Stamm der Ubier aus dem rechtsrheinischen Germanengebiet in das römische Herrschaftsgebiet auf der linken Seite des Rheins über. Der Stamm war durch rege Beziehungen zu den Römern ins Visier seiner germanischen Nachbarn geraten und stand zwischen den Fronten. Die Umsiedlungsmaßnahme diente freilich nicht nur dem Schutz der Ubier, denn ihre Aufgabe bestand fortan darin, die Grenze des römischen Reiches – sprich den Rhein – gegen feindliche Germaneneinfälle zu sichern. Auf der linken römischen Rheinseite gründeten sie eine neue Hauptstadt nach römischem Vorbild, das *oppidum Ubiorum,* den ersten Vorläufer des heutigen Köln.
Zur gleichen Zeit begann Agrippa mit einem umfassenden Straßenbauprogramm, das die gallischen Provinzen besser an das Römische Imperium anbinden und damit ihre wirtschaftliche Entwicklung fördern sollte. Vom zentral gelegenen Lugdunum (Lyon) aus entstanden mehrere Straßen in verschiedene Richtungen, eine davon führte nach Norden bis in die neu gegründete Ubiersiedlung, die dank ihrer strategisch günstigen Lage an der Reichsgrenze und dazu am Fluss Rhenus (Rhein) prädestiniert war als Handelsumschlagsplatz. Außerdem konnte das Gebiet durch die Straßenanbindung schneller mit zusätzlichen Legionen versorgt werden, die die Grenzen zum barbarischen Germanien jenseits des Rheins bewachen sollten. Dies war in den folgenden Jahrzehnten auch nötig, da es immer wieder zu Auseinandersetzungen mit den Germanen kam. Diese konnten wahrscheinlich nur über den Altar lachen, den Kaiser Augustus im *oppidum Ubiorum* für die unterworfenen Germanen zur Ausübung des Kaiserkultes und Anbetung der Göttin Roma hatte errichten lassen. Dieses Heiligtum scheint allerdings eine so große und auch langjährige Bedeutung gehabt zu haben, dass es in den späteren Namen der Stadt aufgenommen wurde. Die Rede ist von dem Namen, der damals schon als so lang empfunden wurde, dass er auf Stadttoren und Inschriften gerne mit CCAA

abgekürzt wurde: *Colonia Claudia Ara Agrippinensium* (Claudische Kolonie und Opferstätte der Agrippinenser). Die 15 n. Chr. im *oppidum Ubiorum* geborene Agrippina führte im Jahr 50 diese Umbenennung der Stadt herbei, indem sie ihren Gatten, Kaiser Claudius, dazu brachte, ihre Heimatstadt zur Kolonie zu erheben und ihr damit die römischen Bürgerrechte einzuräumen. Agrippina, die als Ururenkelin Ausgustus', Urenkelin Agrippas und Mutter von Kaiser Nero schon zu Lebzeiten eine berühmte Frau aus dem adligen Geschlecht der Iulier war, wird heute noch von manchen als eigentliche Gründerin der Stadt gesehen.
So wurde das antike Köln zu einer Stadt römischen Rechts „befördert“, was sie natürlich zu einem begehrten Anziehungspunkt im kalten Norden machte und ihr einen sagenhaften Aufschwung in den nächsten Jahrzehnten und folgenden zwei Jahrhunderten bescherte.

Stellen wir uns nun vor, ein Händler kommt im späten 2. Jh. mit seiner Ladung den Rhein hinauf, um von CCAA über die Via Agrippa in die Eifel zu gelangen. CCAA ist mittlerweile zur Hauptstadt der römischen Provinz Germania Inferior aufgestiegen und zählt 20.000 Einwohner. Von Weitem schon muss der Händler die mächtige Stadtmauer mit ihren zahlreichen Türmen und Toren gesehen haben, und vorgelagert die längliche Insel – die heute überbaut und nicht mehr sichtbar ist – auf der drei nagelneue große *horrea* (Lagerhallen) standen. Hier würde er an einem der Holzkais vor

Abb. 6 Der Römerturm in der Zeughausgasse ist das am besten erhaltene Stück der römischen Stadtmauer von Köln.

Anker gehen und überschüssige Ware verkaufen, bevor er die restliche Menge auf einen großen Ochsenkarren umladen ließ, der ihn auf dem Landwege – über die Via Agrippa – weiter in die Eifel bringen würde. Die Reste dieser Lagerhallen sind heute in einer Ausgrabung unter der Kirche Groß Sankt Martin zu besichtigen. Sie überlagern ältere Gebäudefundamente und ein Becken aus dem 1. Jh., die vermuten lassen, dass sich hier eine Art Sportanlage befunden haben könnte, bis das Areal wahrscheinlich im Zuge einer Hafenvergrößerung umstrukturiert und die Lagerhallen erbaut wurden.

Nachdem unser Händler seine Geschäfte abgeschlossen und seine Waren umgeladen hatte, betrat er die Stadt durch eines der drei rheinseitigen Tore. Die im Durchschnitt 2,40 m dicke und 8 m hohe Stadtmauer mit ihren 19 Türmen muss sehr beeindruckend gewesen sein. Heute noch kann man an einigen Stellen Reste dieser Befestigungsanlage sehen. Am besten erhalten und gleichzeitig einzigartig in seiner künstlerischen Gestaltung ist der sog. Römerturm (Abb. 6), der die nordwestliche Ecke der ca. 4 km langen Stadtmauer bildete. Er befindet sich heute an der Zeughausstraße 13 und fällt sofort durch sein mehrfarbiges Natursteinmosaik auf. Die Tatsache, dass die Römer ihre Wehrtürme über die eigentliche Funktion hinaus auch noch künstlerisch verzierten, unterstrich ihre Macht und den Wohlstand der Stadt.

Eines der beeindruckendsten Gebäude, das sich gleich hinter der rheinseitigen Stadtmauer befand, war der Sitz des Stadthalters, das Praetorium, dessen mächtige Grundmauern heute unter der Budengasse 2 zu besichtigen sind. Wer hier vorgeladen wurde, hatte gewiss weiche Knie. Der Praetor (Stadthalter) hatte die militärische und zivile Obergewalt über die gesamte Provinz und unterstand direkt dem Kaiser. Diese Macht drückte sich auch in seiner Wohn- und Amtsresidenz aus. Der vorbeiziehende Händler dürfte zum Ende des 2. Jhs. eine Weile gebraucht haben, bis er das zu diesem Zeitpunkt vier *insulae* (Häuserblocks) umfassende Gebäude passiert hatte. Zu solch palastartigen Ausmaßen hatte der Stadthalter Didius Iulianus das Gebäude um das Jahr 183/184 n. Chr. ausbauen lassen.

Müde von der langen Reise und erschlagen von so viel Protz war bestimmt jedem Reisenden nach einer Erfrischung zumute. Für diese musste er wahrscheinlich nicht einmal ein Gasthaus aufsuchen, zumindest, wenn er nur etwas trinken wollte. CCAA war bestens versorgt mit frischem Quellwasser und die Stadt war durchzogen von einem dichten Netz an Wasserleitungen und Brunnen. Der Händler hatte schon befürchtet, schmuddeliges Rheinwasser trinken zu müssen, aber dieses Wasser aus einem öffentlichen Brunnen war klar und schmeckte hervorragend. Die Römer liebten das

Wasser und waren sehr wählerisch, was Herkunft und Qualität desselben anging. Immerhin hatte man eine fast 100 km lange Wasserleitung bis in die Eifel gebaut, um das dort entspringende Quellwasser bis in die Provinzhauptstadt zu leiten. Und nicht nur das Frischwasser war sauber, nirgendwo sah oder roch man stinkende Rinnsale mit Fäkalien. Das lag daran, dass in CCAA im wahrsten Sinne alles im Fluss war. Wie auch das Frischwasser wurde das Abwasser über ein gut vernetztes unterirdisches Kanalsystem aus der Stadt geleitet. Was damals gut verborgen war, ist heute direkt von der Ausgrabung des Praetoriums aus begehbar, ein kleineres Teilstück ist auch über Tage hinter dem Praetorium am Theodor-Burauen-Platz ausgestellt. Der 1,20 m breite und bis zu 2,50 m hohe Kanal leitete die Abwässer in den Rhein. Die großzügigen Maße erleichterten die Wartung und Reinigung – entsprechende Zugänge sind ebenfalls noch sichtbar – machten diese aber sicherlich nicht zu einer beliebteren Aufgabe. Bei dem Gedanken, dass das gesamte Abwasser der Stadt in den Fluss geleitet wurde, kann man verstehen, dass sich ein Flussreisender auf frisches Quellwasser freute.

Nach erledigten Geschäften und einer Übernachtung gelangte unser Händler durch das südwestliche Stadttor auf die Via Agrippa, das sich auf der heutigen Clemensstraße 3 befunden hat und leider nicht mehr sichtbar ist. Wer sich dennoch ein Bild von Aussehen und Ausmaßen der römischen Stadttore in Köln machen will, sollte sich zum Dom begeben, genauer gesagt ins Dom-Parkhaus, denn hier sind die Reste des nördlichen Stadttores von CCAA konserviert (Abb. 7). Darüber, auf der nördlichen Domplatte, wurde ein Seitendurchgang des Tores wieder aufgestellt. Während das Tor zur Agrippa-Straße nur zwei Durchgänge hatte, hatte dieses hier drei, ein großes in der Mitte für Fuhrwerke und zwei Seitendurchgänge für Fußgänger. Allein die Höhe des mittleren Durchganges betrug ca. 8 m. Stellt man sich nun noch einen Überbau und zwei Türme vor, begreift man, welche Ausmaße ein solches Tor gehabt haben muss. Etwas bescheidener, da nicht an einer der Hauptachsen der Stadt gelegen, war das Tor, welches unser Händler nahm. Dennoch hat ihn beim Anblick der riesigen Bögen und ihrer verschließbaren Holztüren sowie der dicken Mauern mit Sicherheit das flaue Gefühl beschlichen, einen mit allen Mitteln gesicherten Ort zu verlassen.

Direkt hinter dem Tor schloss sich ein Gräberfeld an, das sich über mehrere Kilometer entlang des Weges – heute die Luxemburger Straße – hinzog. Unterschiedliche Grabsteine und Mausoleen säumten die Straße, die besonders aufwendigen waren mit bemalten Reliefs verziert. Einige waren rechteckig, andere hatten Giebel wie ein richtiges Haus – ein recht unterhaltsames Ensemble für den Durchreisenden, so makaber es klingt. Denn

Abb. 7 Der Seitenbogen des römischen Nordtores, wiederaufgestellt vor dem Kölner Dom.

auf so einer römischen Gräberstraße hieß es: Auffallen um jeden Preis. Dazu muss man wissen, dass es für Menschen, die in der römischen Kultur lebten, sehr wichtig war, dass sich andere Menschen an die eigene Existenz auch über den Tod hinaus erinnerten. So konnte man sich durch das Verfassen von Büchern oder, wenn man über das nötige Kleingeld verfügte, durch Schenkungen von Gebäuden an eine Stadt in Erinnerung halten. Das letzte Denkmal, das man sich setzen konnte, war das Grabmonument. Daher befinden sich die römischen Friedhöfe direkt an den Aus-

fallstraßen der Siedlungen. Je wohlhabender der Bürger war, desto prominenter, d. h. näher an der Straße, desto größer und prächtiger konnte er sein Grabmonument errichten. Mehrere solch eindrucksvoller Grabsteine sind im Römisch-Germanischen Museum in Köln zu sehen.
Eines dieser Gräber - allerdings aus spätantiker Zeit, vielleicht aus dem 3. oder 4. Jh. - ist noch direkt an der Agrippastraße unter dem Wohnhaus in der Kaulardstraße 2 in Hürth-Efferen zu sehen. Leider ist es nicht von außen erhalten, sodass man über einen Überbau und dessen Verzierung nur mutmaßen kann. Dafür kann man durch einen steinernen Gang in die zum großen Teil erhaltene Grabkammer mit zwei Sarkophagen gelangen. Ihre Deckel sind nur noch etwa zur Hälfte vorhanden, was einen darüber spekulieren lässt, welche Kraft oder auch Hartnäckigkeit diesen soliden Stein zerstört haben mag. Deutlich sind am Eingang der Kammer noch Teile einer Türeinfassung sowie ein Loch, wo der Türriegel angebracht war, zu sehen. Für eine Besichtigung wendet man sich an die Stadtverwaltung Hürth.
Nun verlassen wir endgültig den Raum der Großstadt und begeben uns in die Provinz!

Literatur:

Fischer, T./Trier. M.: Das römische Köln. Der historische Stadtführer. Köln 2014.

Grewe, K.: Der Römerkanal-Wanderweg. Ein archäologischer Reiseführer. Düren 2005. 159–177.

Horn, H.G.: Agrippa Straße. Von Köln bis Dahlem in 4 Etappen und 8 Exkursen. Köln 2014. 35–70.

Schiffer, T.: Auf Römerwegen durch die Eifel. Rheinbach 2012. 67–72.

Ein mehrfach beschrifteter Meilenstein und ein Eintrag in der Tabula Peutingeriana weisen Tolbiacum als Station an der Via Agrippa aus. Vor Antritt der letzten Wegetappe ins antike Köln konnte man sich hier in der öffentlichen Therme gebührend auf einen gepflegten Auftritt in der Metropole vorbereiten.

02 ZÜLPICH – TOLBIACUM: EIN MORDENDER KAISER UND EIN ENTSPANNENDES BAD AM WEGESRAND

DEUTSCHLAND Nordrhein-Westfalen

Wer denkt, dass ein Reisender auf der Via Agrippa jenseits der großen Städte tagelang ohne Versorgung und Annehmlichkeiten seinen holprigen Weg durch Wald und Flur bestreiten musste, irrt sich. Für die Römer gehörte zu einer guten Infrastruktur auch eine gute Ausstattung: Raststätten, Übernachtungsmöglichkeiten und Pferdewechselplätze in regelmäßigen Abständen waren das Minimum.

Das Straßendorf *(vicus)* Tolbiacum hatte noch mehr zu bieten. Es gehörte gerade noch zum Verwaltungsbereich von CCAA und war vielleicht im Zuge von Agrippas Straßenbaumaßnahmen als wichtiger Kreuzungspunkt zwischen den Fernstraßen nach Trier, Reims, Xanten, Köln, Bonn und Jülich zu einer größeren Siedlung mit Wegestation ausgebaut worden. Im 2. Jh. wurde der kleine Ort mit einer öffentlichen Thermenanlage ausgestattet, die natürlich auch für Reisende zugänglich war. Was konnte es Schöneres geben, als nach einem Tagesmarsch oder einer langen Fahrt den erschöpften Leib in heißem Wasser zu laben und sich den Dreck, der vielleicht bei nassem Wetter von der Straße hochgespritzt war, von der Haut zu schaben? Wie auch die aufwändigeren Verwandten in den großen Städten verfügte das hiesige Bad über alle Elemente einer typischen römischen Thermenanlage. Man zog sich im *apodyterium* um, absolvierte dann Kaltbad *(frigidarium)*, Warmbad *(tepidarium)* und Heißbad *(cadarium)* und konnte sich in einem zentralen Gymnastikhof *(palaestra)* sportlich betätigen (Abb. 8). Da sich in Tolbiacum mehrere Fernstraßen trafen, war der Ort belebt mit Durchreisenden, und wo konnte man besser neue Kontakte knüpfen und sich beim Schwitzen oder Wässern unterhalten als hier? Die Thermen waren für die Römer das, was für unsereinen der Stammtisch ist. Man reinigte sich hier nicht nur, sondern man kam zusammen und unterhielt sich, machte Geschäfte. Man kann sich durchaus vorstellen, dass zwei Geschäftsleute aus verschiedenen Provinzen sich hier im *caldarium* kennenlernten und spontan auf einen Handel einigten.

Heute sind die Reste dieser Thermenanlage im Zülpicher Museum für Badekultur zu besichtigen. Besonders die didaktische und mediale Aufberei-

Abb. 8 Durch die Hypokaustenheizung wurden Becken und Fußböden von unten mit heißer Luft erwärmt. Zülpicher Museum für Badekultur.

tung der Ausgrabung lässt die erhaltenen Beckenreste, Heizungsschächte und Mauern zum Leben erwachen.

Wenig nördlich der Thermen auf einem Verkehrskreisel auf der Römerallee, die den schnurgeraden Verlauf der Agrippastraße nachvollzieht, ist heute die Kopie eines römischen Meilensteins zu sehen, der die Entfernung nach Köln mit 30 Leugen (35,2 km) angibt, eine gute Tagesreise. Noch interessanter sind die drei weiteren Inschriften mit den Namen der jeweils amtierenden Kaiser. Leider ist die erste Inschrift nicht mehr lesbar, denn es war üblich, die Namen von Kaisern auf öffentlichen Inschriften zu tilgen, wenn sie zum Staatsfeind erklärt worden waren, z. B. durch einen siegreichen Nachfolger.

Die zweite Inschrift ist Kaiser Licinius geweiht, die dritte Kaiser Konstantin und seinen Söhnen. Beide Männer hatten zwischen 308 und 324 n. Chr. gemeinsam das Römische Reich regiert, zerstritten sich aber und Konstantin ließ seinen Konkurrenten schließlich umbringen. Dementsprechend hat man versucht, die erste an Licinius gerichtete Inschrift zu tilgen, allerdings blieb sie für uns zu entziffern. Getilgt wurde auch in der zweiten Inschrift der Name Crispus, Konstantins Sohn, den sein Vater wegen Verrats ebenfalls hatte ermorden lassen.

Literatur:

Horn, H.G.: So badeten die Römer. Rund um die Thermen von Zülpich. Zülpich 2008.

Was verängstigte Reisende für das Werk von barbarischen Germanenhorden halten mögen, kann die Boten und Händler, die regelmäßig die Eifel auf der Via Agrippa durchqueren, nicht schrecken. Hier wird Kalk für das Imperium gebrannt!

03 IVERSHEIM – STINKENDER RAUCH ZIEHT ÜBER DIE VIA

DEUTSCHLAND Nordrhein-Westfalen

Tief im Wald der Eifel auf der Höhe von Mechernich war es durchaus möglich, dass dem Reisenden des 2. und 3. Jhs. der Gestank von verbranntem Holz, Asche und nicht organischen Stoffen in die Nase drang, oder dass entfernte Rauchsäulen zwischen den Hügeln aufstiegen. Die Rede ist nicht von Brandschatzung, sondern von einem der größten Kalkabbaugebiete nördlich der Alpen, der 25 km langen Sötenicher Kalkgrube. Kalk- und Dolomitgestein wurde hier für die Kalkherstellung in Massen abgebaut, Spuren von antiken Steinbrüchen gibt es zu Hauf und auch mehrere Kalkbrennereien wurden entdeckt, eine davon in Iversheim, das ca. 10 km östlich der Via Agrippa liegt (Abb. 9).

Die 30 m lange Anlage am Hang der Erft, heute am Kalkarer Weg nahe den Gleisen gelegen, bestand aus vier, später sechs 4 m hohen Brennöfen, in denen bei einer Temperatur von bis zu 1.050 Grad Dolomit zu Kalk verbrannt wurde, welcher zur Herstellung von Mörtel diente. Dieser war auf den Baustellen der Provinz heiß begehrt, denn der nierdergermanische Limes musste mit Kastellen befestigt werden. Auch Straßen mussten gebaut und nach den ersten Germaneneinfällen um 270 n. Chr. Häuser und Abwehranlagen wiederaufgebaut und verstärkt werden.

Die Betreiber dieser Brennerei waren keineswegs Privatleute, sondern Legionäre, wie aus zwölf Weihesteinen hervorgeht, die in dieser und den nahegelegenen Brennereien gefunden wurden. Auf den ersten Blick ist die Vorstellung, dass Soldaten einen Brennofen betreiben, etwas merkwürdig, doch in Anbetracht der Tatsache, dass gerade in den Provinzen die Legionäre den größten Teil der Infrastruktur errichteten, weil es nicht genügend Personal gab, nicht unbedingt verwunderlich. Die Weihesteine sind an verschiedene Götter gerichtet, z. B. passenderweise an Minerva, die u. a. für das Handwerk zuständig war. Ihnen ist zu entnehmen, dass in der Brennerei Legionäre der 30. Legion Ulpia Victrix aus Xanten und der ersten Legion Minervia aus Bonn gearbeitet haben. Auch ein Legionär der dritten Legion Cyranaica, die in Arabien stationiert war, war – vielleicht als Experte – vor Ort. Die Arbeit war hart und erfolgte in Schichten. Zwei Öfen brannten gleichzeitig. Es dauerte ca. eine Woche, bis der Kalkstein in

einem Ofen durchgebrannt war. Noch einmal zwei Tage, um ihn aus dem Ofen herauszuholen. Dann wurde er verladen – vermutlich auf Schiffe, die ihn über die damals noch tiefere und breitere Erft abtransportierten. Gleichzeitig musste massenweise Brennholz für die Öfen geschlagen werden, nicht zu vergessen Kalkstein geschlagen – direkt über der Brennerei befand sich ein Steinbruch. Dieser musste erst zur Brennerei hinuntergeschleift und dann noch in kleine Brocken, die in den Ofen passten, gebrochen werden. Eine nicht ganz ungefährliche Arbeit, bei der man durchaus die schützende Hand der Götter gebrauchen konnte.

Drei der insgesamt sechs Brennöfen sind in einem Schutzbau zu besichtigen. Einer davon wurde nicht geleert und ermöglicht es somit, gebrannte Kalkreste zu sehen. Vor dem Schutzbau, am Eingang, steht ein weiterer Ofen, der für ein wagemutiges Experiment wieder funktionstüchtig gemacht wurde. Um herauszufinden, wie die Öfen genau funktionierten, haben die Archäologen dem Befund getreu und ohne moderne Hilfsmittel eine Woche lang Kalk in diesem Ofen gebrannt und bewiesen, dass die Öfen arbeiteten – ganz ohne die Kenntnis der einzelnen chemischen Zusammenhänge.

Abb. 9 Zwei von ursprünglich sechs Brennöfen in der Kalkbrennerei Iversheim.

Literatur:

Sölter, W.: Römische Kalkbrenner im Rheinland. Rheinische Kunststätten. Köln 2005.

Wie in der nahe gelegenen Kalkbrennerei Iversheim wurden auch hier Soldaten der ersten Legion Minervia aus Bonn stationiert – diesmal in einer Straßenmeistererei. In dieser urigen Hügellandschaft, wo auch die römische Wasserleitung nach Köln entspringt, befindet sich das lange gesuchte Marcomagus.

04 NETTERSHEIM – MARCOMAGUS: MATRONEN WACHEN ÜBER JUNGE SOLDATEN, MEDUSA ÜBER DAS WASSER FÜR KÖLN

DEUTSCHLAND | Nordrhein-Westfalen

Durchhaltevermögen war denjenigen zu wünschen, die zu Fuß und möglicherweise noch schwer beladen auf der Via Agrippa unterwegs waren, denn hier kurz vor der Straßenstation Marcomagus wandte sich die Straße das Urfttal hoch und runter (Abb. 10). Immerhin mangelte es nicht an quellreinem Wasser, mit dem man sich erfrischen und Kraft für den nächsten Anstieg sammeln konnte.

Zum ersten Mal kreuzte die Straße den Bach Urft ganz in der Nähe einer der Quellen für die Eifelwasserleitung nach Köln. Den sog. „Grünen Pütz", das Quellbecken der Leitung, und die sich daran anschließende Wasserleitung kann man heute besichtigen. Hier beginnt auch der Römerkanal-Wanderweg, auf dem man entlang der antiken Wasserleitung bis nach Köln wandern kann. Die rekonstruierte Brunnenstube ist ein in Stein eingefasstes rechteckiges Becken. Der von links kommende, mit Steinplatten abgedeckte 80 m lange Sickerkanal war wasserdurchlässig gebaut und sammelte – wie der Name schon sagt – das Sickerwasser, um es in das Sammelbecken zu führen. Dort wurde es von einem Schwellstein zunächst aufgehalten und so beruhigt, bevor es rechts durch die halbrund überwölbte Wasserleitung seinen Weg nach Köln aufnahm. So wurde das ankommende Wasser von Sand- und Schmutzpartikeln gereinigt, die sich vor der Schwelle absetzten. Der halbrunde Abschluss der Einfassung wurde von zwei Medusenhäuptern verziert, die mit ihren grimmigen Mondgesichtern die Quelle vor Zerstörung oder Verunreinigung schützen sollten.

Oberhalb der Quelleinfassung gab es zwei Trassen, die zur Urftbrücke in Marcomagus führten, wahrscheinlich waren es Einbahnstraßen in entgegengesetzter Richtung. Die steile Trasse bis zur Hochfläche kann man heute direkt vom Parkplatz am Grünen Pütz über die *Serpentine Rosenthal* nachvollziehen und dabei im Wald ausgefahrene römische Fahrrinnen, eine Wasserrinne sowie links des Weges kurz vor der Kuppe einen überwachsenen Steinbruch sehen. Dieser ist heute kaum mehr als eine tiefe

Abb. 10 Flucht der Via Agrippa Richtung Norden, im Vordergrund das spätantike Kastell an der Urft, dahinter am Hang der *vicus* Marcomagus.

Grube – aus dem die Römer vielleicht Steine für die Straßenbefestigung gewannen.

Nach ca. 4 km ab der Quellfassung konnte man nun endlich im Straßendorf Marcomagus rasten und sich stärken. Diese Station an der Via Agrippa ist auch auf der Tabula Peutingeriana verzeichnet und bis vor wenigen Jahren ging man davon aus, dass es sich hierbei um das nur wenige Kilometer entfernte Marmagen handeln müsse. Ausgrabungen und der nachgewiesene Trassenverlauf belegen jedoch eine Wegestation an dieser Stelle. Zwischen der Anhöhe „Görresburg", dem angrenzenden weiten Hang „Alte Gasse" und dem „Steinrütsch" im Tal an der Urft ist ein archäologischer Landschaftspark angelegt, der ausgewählte Reste des antiken Dorfes sichtbar macht.

Von Norden kommend, erblickte man im 2. Jh. auf der Höhe einen steinernen Tempelbezirk mit drei Gebäuden, unter dem sich am Hang bis hinunter zur Urft längliche auf Steinfundamenten gebaute Fachwerkhäuser dicht aneinanderreihten, die sog. Streifenhäuser. Unten im Tal erreichte man schließlich die Wegestation, hier hat es vermutlich eine Unterkunft und eine Straßenmeisterei gegeben.

Diese wurde von Soldaten aus der Bonner Legion I Minervia betrieben, die auch in der Iversheimer Kalkbrennerei arbeiteten. Sie waren hier als *beneficiarii consularis* eingesetzt, d. h. Unteroffiziere, die für Dienste im Gemeinwesen und Verwaltungsdient eingeteilt waren. Sie waren in Marco-

Abb. 11 Matronenheiligtum des *vicus* Marcomagus auf der „Görresburg".

magus wahrscheinlich für die Überwachung des Urftüberganges und zur Instandhaltung der Straße im umliegenden Gebiet stationiert. Gut kann man sich vorstellen, dass sie den strapazierten Straßenbelag mit Steinen aus dem nahegelegenen Steinbruch ausbessern mussten. Diese Wegestation wurde, wahrscheinlich nachdem sie bei den Frankeneinfällen im 3. Jh. zerstört worden war, Anfang des 4. Jhs. erneuert und zu einem steinernen Kastell ausgebaut, das man fortan durchqueren musste, um auf die andere Seite des Flusses zu gelangen. Die Grundmauern dieses Kastells wurden rekonstruiert und können heute wieder durchquert werden.

Vier der *beneficiarii* haben in dem oben gelegenen Tempelbezirk den sog. Aufanischen Matronen Weihesteine mit Inschriften geschenkt, deren Kopien heute rund um das Heiligtum aufgestellt sind (Abb. 11). Diese meist zu dritt dargestellten Muttergottheiten mit großen Hauben als Haartracht sind wahrscheinlich keltischen Ursprungs und wurden besonders im Rheinland verehrt, aber auch weiter südlich in Gallien, wo man ganz ähnliche Darstellungen entlang der Via Agrippa finden kann. Der Beiname „Aufanisch" ist nicht geklärt. Ein Hauptheiligtum der Matronen befand sich vermutlich in Bonn. Man kann sich also gut vorstellen, dass die Bonner Legionäre den hier schon seit dem 1. Jh. vorhandenen Kultplatz ausgebaut und nach dem Ende ihres Dienstes dort Weihesteine für ihre Gottheiten aufgestellt haben, um ihnen für eine glücklich verlaufene Dienstzeit zu danken.

Literatur:

Grewe. K.: Der Römerkanal-Wanderweg. Ein archäologischer Reiseführer. Düren 2005. 66–69.

Horn, H.G.: Agrippa Straße. Von Köln bis Dahlem in 4 Etappen und 8 Exkursen. Köln 2014. 188–200.

Wer auf der Höhe von Oos die Via Agrippa verließ, um auf dem Gut der Villa Sarabodis Handel zu betreiben, kam darüber hinaus in den Genuss des mineralreichen Wassers, das bis heute weit über seinen Ursprung hinaus bekannt ist. Zum Beten und Opfern luden die heilige Quelle des Gutsbesitzers oder das Matronenheiligtum auf dem Berg ein.

05 GEROLSTEIN – HEILIGES WASSER UND EIN FALSCHER JUDENFRIEDHOF

DEUTSCHLAND Rheinland-Pfalz

Villa Sarabodis

Die gemütliche Kleinstadt Gerolstein ist vor allem berühmt durch ihr Mineralwasser. Doch auch seine Lage in der Vulkaneifel zwischen bewaldeten Hügeln und dramatischen Dolomitenfelsen macht sie zu einem beliebten Urlaubsziel. Vielleicht diese schöne Umgebung oder auch die sprudelnde Heilquelle, heute Sidinger Drees genannt, veranlasste eine wohlhabende Familie im 1. Jh. sich hier niederzulassen – ca. 7 km östlich der Via Agrippa, die wohl durch das heutige Oos (*Ausava*) verlaufen ist. Die sog. Villa Sarabodis wurde beim Bau der Gerolsteiner Erlöserkirche 1907 entdeckt und für die Nachwelt konserviert (Abb. 12). Die sog. *villae rusticae*, meist weitläufige und luxuriös ausgestattete Landvillen, waren häufig zwischen Rhein und Mosel. Meistens waren es wohlhabende Einheimische, die sich mit den römischen Eroberern arrangiert hatten und Landwirtschaft betrieben, von deren Einnahmen sie lebten. So bogen aus der Zufahrtstraße zur Villa sicher häufig mit Getreide oder Schlachttieren beladene Karren auf die Via Agrippa ein. Möglicherweise unterhielt der Villenbesitzer am Straßenrand auch einen eigenen Verkaufsstand.

Man erkennt heute noch die zahlreichen Räume der Anlage sowie eine Hypokaustenheizung, die links, unmittelbar hinter dem Eingang, in einem Schutzhäuschen zu besichtigen ist. Wahrscheinlich hat sich an dieser Stelle eine beheizte Badeanlage befunden. Dass schon den antiken Bewohnern Gerolsteins das Wasser am Herzen lag, erkennt man ebenfalls an der heute in Stein eingefassten, aber leider nicht mehr sprudelnden Heilquelle „Sidinger Drees". Sie entspringt wohl kaum zufällig knapp 100 m von der Villa entfernt auf dem anderen Kyllufer, heute am Kyllweg. Viele in der Quelle gefundenen römische Münzen, meist aus dem 3. Jh., bezeugen, dass die Bewohner hier nicht nur das Wasser zum Trinken und Baden benutzten, sondern auch zu den Quellengöttern beteten. Um 450 n. Chr. wurde die Villa dann zerstört, wahrscheinlich bei den Einfällen der Germanen. Aus dieser Zeit stammen auch 27 in der Nähe gefundene Gräber mit Män-

Abb. 12 Reste der Villa Sarabodis hinter der Gerolsteiner Erlöserkirche

nern von über 2 m Körpergröße darin. Verletzungen an den Knochen nach zu urteilen, haben sie einen gewaltsamen Tod gefunden. Doch warum und unter welchen Umständen, bleibt ein Rätsel.

Der Name Sarabodis ist aus einer Schenkungsurkunde aus dem Jahr 762 überliefert, als die Eltern Karls des Großen, Pippin und Bertrada, die Villa der Abtei Prüm schenkten.

Rechts neben den Ruinen ist ein kleines Museum zu besichtigen, in dem die Funde rund um die Villa und die Quelle, darunter verschiedene Votivfiguren und Alltagsgegenstände wie Fibeln und Flacons, ausgestellt sind.

Abb. 13 Tempelmauern im Matronenheiligtum auf dem Judenkirchhof

Judenkirchhof

Verlässt man die Stadt Richtung Pelm und windet sich die Landstraße K33 empor an der Kasselburg vorbei und biegt dann den nächsten Weg links ab, gelangt man zu einem römischen Heiligtum, das im Volksmund Jud(d)enkirchhof genannt wird (Abb.13). Mit Juden hat diese Ruine allerdings gar nichts zu tun, vielmehr vermutet man, dass es sich hier um die falsche Deutung des mundartlichen Wortes „Jodd“, was so viel wie Patentante heißt, handelt. Eine heilige Patentante? Gemeint ist damit wohl die heilige Matrone, der das Heiligtum geweiht war, wie eine Weihtafel aus dem Jahr 124 n. Chr. und eine Tonfigur in der Form einer Matrone – zu sehen unten im Museum – beweisen. Der Name der hier angebeteten Matrone war Caiva. Als Muttergottheit erfüllte sie wahrscheinlich auch die Funktion einer Schutz-Patronin, wie etwa eine Patentante. Vielleicht errichteten die Gutsbesitzer selbst hier oben ihr ganz persönliches Matronenheiligtum. Andererseits lassen die zahlreichen Gebäude innerhalb des Tempelbezirkes vermuten, dass hier möglicherweise auch Priester gelebt haben könnten. Die Form des im Grundriss erhaltenen Tempels ist typisch für diese Gegend, sie ist sozusagen eine Hybridform aus keltischem und römischem Heiligtum mit einer viereckigen *cella* (Innenraum des Tempels) und einem darum liegenden überdachten Säulengang. In der Mitte der *cella* war meistens die Statue des Gottes abgebildet, der in dem Tempel verehrt wurde. Dies könnte neben oder nach Caiva übrigens auch Hercules gewesen sein, worauf der Fund eines Löwenkopfes hindeutet.

Literatur:

Schiffer. T.: Auf Römerwegen durch die Eifel. Rheinbach 2014. 50.

Rheinisches Landesmuseum Trier (Hrsg.): Führer zu archäologischen Denkmälern des Trierer Landes. Trier 2008. 156f.

66 Räume, 14 Mosaike, drei Bäder, ein eigener Tempel und vier Ecktürmchen statt der üblichen zwei. Wer hier gewohnt hat, besaß eine Menge Geld und wollte das auch zeigen. Vielleicht traf sich hier die Trierer High Society, um Geschäfte zu machen und ausschweifende Partys zu feiern.

06 RÖMISCHE VILLA OTRANG BEI FLIESSEM – WER HAT DIE SCHÖNSTE VILLA?

DEUTSCHLAND | Rheinland-Pfalz

Nur 800 m östlich der Via Agrippa befand sich, einen Tagesmarsch nördlich von Augusta Treverorum, ein prunkvolles Anwesen von enormem Ausmaß: die Villa Otrang bei Fließem. Noch heute liegt sie außerordentlich malerisch und einsam an einem seichten zum Kylltal hin abfallenden Hang und ist über die Via Agrippa, auf deren Trasse die B51 gebaut ist, zu erreichen.

Die *villa rustica* wurde wahrscheinlich im 1. Jh. n. Chr. erbaut und anschließend immer wieder erweitert, bis sie im 5. Jh. vermutlich im Zuge des Germaneneinfalls zerstört wurde.

Ihre Grundform entspricht dem im nördlichen Gallien verbreiteten Typ der Eckrisalitvilla. Sie bestand aus einem langgezogenen rechteckigen Haupthaus, das von einem vorgelagerten Säulengang (Portikus) und zwei an den Enden vorspringenden Eckräumen, den sog. Risaliten, gesäumt wurde. Allerdings verfügte das Haupthaus noch über zwei weitere Risaliten an der Rückseite und umfasste somit eine Fläche von 360 m^2, auf der sich im 3. Jh. 66 Zimmer befanden, von denen 14 mit einem Mosaikfußboden ausgestattet waren. Noch dazu verfügte die Villa über drei Bäder und einen eigenen kleinen Tempelbezirk südlich des Geländes, der heute leider nicht mehr sichtbar ist (Abb. 14).

Wer könnte in so einem luxuriösen Anwesen gewohnt haben? Die Ausstattung lässt vermuten, dass die Anlage nicht allein als wirtschaftliches Gut genutzt wurde, sondern die Sommerresidenz einer reichen Persönlichkeit aus der römischen Oberschicht war, vielleicht aus dem 40 km entfernten Augusta Treverorum. Die vielen Trakte und Zimmer wurden vielleicht auch als Gästewohnungen genutzt, so kann man sich gut vorstellen, dass in manch lauer Sommernacht Gesang und Musik bis zur Via hinüberdrang, wenn der Hausherr mit seinen Gästen aus der Stadt ein ausschweifendes Fest feierte. Dabei gab er sich sicherlich nicht bescheiden, denn immerhin hatte er die besonders weitläufige Konstruktion seines Hauses und die zahlreichen Mosaike mit ihren geometrischen und floralen Mustern nicht nur für sein eigenes Vergnügen oder gar für seine Dienerschaft

anlegen lassen. Sie dienten vor allem auch der Repräsentation. Man kann sich gut vorstellen, dass die vielen reichen Großgrundbesitzer im südlichen Germanien um die aufwendigste und kreativste Ausstattung ihrer Gutshäuser konkurrierten. Man denke z. B. an das sagenhafte Mosaik in der nahe gelegenen Villa Nennig (siehe 14, S. 64) oder den repräsentativen Innenhof und das Bad in der Villa Borg (siehe 13, S. 58).

Wer die Villa heute besichtigt, wird anstatt von einem prächtigen Herrenhaus von lauter kleinen, z. T. hübsch im Fachwerkstil errichteten Hütten und einigen römischen Säulenresten auf dem Hof empfangen. Diese Schutzhütten stehen ebenso wie die unter ihnen verborgenen Mosaike und Bäderreste unter Denkmalschutz. Wilhelm IV. ließ sie noch als Kronprinz errichten, nachdem er 1833 die Ausgrabung besichtigt hatte und der Schönheit der gefundenen Mosaike verfallen war. In einer dieser Hütten ist heute ein kleines Restaurant untergebracht, in dem man römische Speisen und Getränke wie Fladenbrot mit Moretum (eine Käsepaste mit viel Knoblauch) oder Mulsum (süßer Honigwein) genießen kann.

Abb. 14 Doppelter Denkmalschutz: Reste der Villa Otrang und Schutzhäuschen aus dem 19. Jh.

Literatur:

Rheinisches Landesmuseum Trier (Hrsg.): Führer zu archäologischen Denkmälern des Trierer Landes. Trier 2008. 106f.

Immer diese Germanen! Ihrer Heimsuchung im 3. Jh. ist es zu verdanken, dass von der Straßensiedlung Beda nichts übriggeblieben ist. Als neuer Wachposten für die Via Agrippa wurde anstelle des Dorfes später ein Kastell errichtet – das die Erscheinung der Altstadt bis heute prägt.

07 BITBURG – BEDA: RASTEN IN SICHEREN MAUERN

DEUTSCHLAND | Rheinland-Pfalz

Wahrscheinlich im Zuge der Baumaßnahmen der Via Agrippa wurde um 10 n. Chr. die Raststätte Beda als erste Station nördlich von Augusta Treverorum Richtung CCAA gebaut. Eine Bauinschrift für einen Wachturm aus dem Jahr 245 n. Chr. sowie die Erwähnung in dem antiken

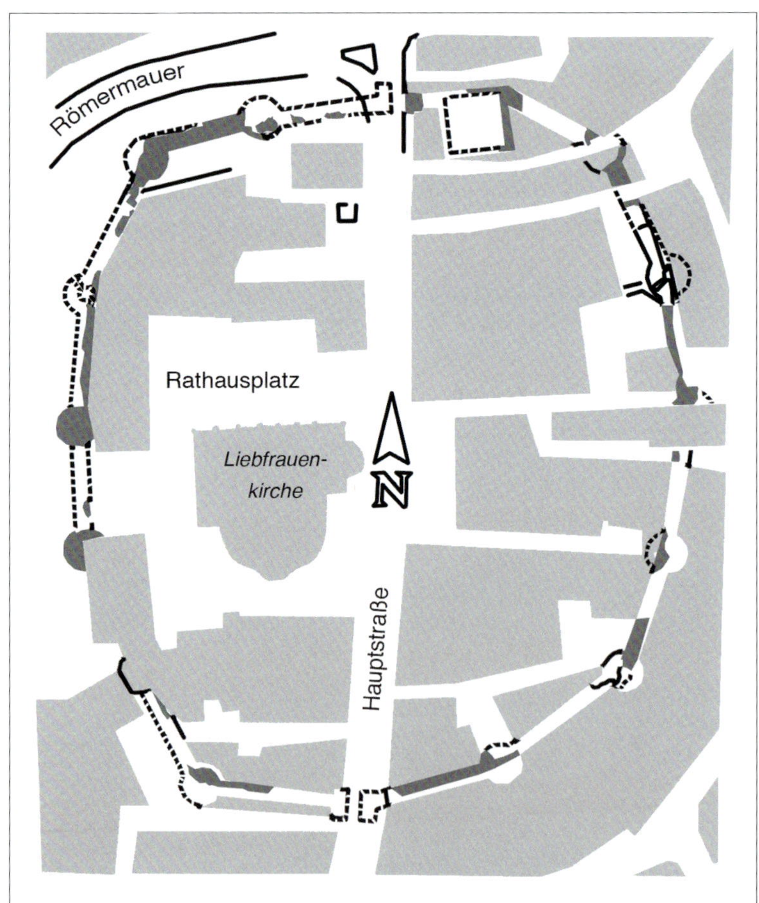

Abb. 15 Im Grundriss der Altstadt von Bitburg zeichnet sich das spätrömische Kastell ab.

Abb. 16 Bitburg, Reste der Befestigungsmauer des spätantiken Kastells.

Straßenverzeichnis *Itinerarium Antonini* belegen, dass die Straßenstation sich zu einer richtigen Siedlung (*vicus*) entwickelt hat – die allerdings um das Jahr 275 n. Chr. von den Germanen wieder zerstört wurde.

Um das Jahr 340 n. Chr. wurde dann anstelle der zerstörten Straßensiedlung ein Kastell erbaut, wahrscheinlich um die Via Agrippa im Falle erneuter Einfälle zu sichern (Abb. 15). Die Reisenden im 4. Jh. waren vermutlich froh, wenn nach einer anstrengenden Reise durch locker besiedeltes Gebiet und noch dazu in solch unsicheren Zeiten die ca. 3,80 m dicken Mauern der Befestigungsanlage mit ihren 13 Türmen in Sichtweite kamen. Wie früher durch den *vicus* führte die Via Agrippa auch jetzt noch mitten durch Beda hindurch, es gab im Norden und im Süden jeweils ein Tor.

Auf der 2 ha großen Fläche dieses Kastells steht heute immer noch die Altstadt von Bitburg, denn die gut befestigte Anlage bot nachfolgenden Generationen immer wieder Wohnraum und Schutz und wurde so in ihrer Grundform erhalten. Den Verlauf der Via Agrippa kann man heute auf der Hauptstraße nachvollziehen.

Auf einem archäologischen Rundweg kann der Besucher die sichtbaren Reste des Kastells erkunden und damit gleich die Altstadt kennenlernen, während ein leichter Duft von Bier (Bitte ein Bit!) von der nahegelegenen Brauerei die Sinne beflügelt.

An mehreren Stellen ist noch die römische Mauer zu sehen (Abb. 16, 17), z. B. am großen Parkplatz auf der westlichen Seite. Allerdings stammt das

Mauerwerk hier aus dem Mittelalter und folgt lediglich dem antiken Verlauf der Mauer. Ein schöner Einfall der Stadt war es, die Altstadt mit mehreren auf dem Gelände des Kastells gefundenen Relikten zu bestücken. So stehen neben der Liebfrauenkirche drei Götterfiguren aus dem späten 2. oder frühen 3. Jh. – der Sonnengott Sol, Merkur der Götterbote, und Vulcanus der Schmiedegott. An der Nordseite wurde eine Jupitersäule wiederaufgebaut, deren Sockel die Reliefs von Jupiters Gemahlin Juno und des Halbgottes Hercules mit seiner Keule zieren. Jupiter selbst, der einst auf der Spitze der Säule thronte, hat sich seiner göttlichen Pflichten anderswo erinnert und ist leider verschwunden. In der Nähe der Säule hängt auch ein Abguss der Bauinschrift des Wachturms von 245, auf dem sich wie bei dem Meilenstein in Zülpich eine weggemeißelte Stelle befindet. Hier stand der Name des Kaisers Philippus, der nach dessen Sturz 249 n. Chr. entfernt wurde.

Literatur:

Rheinisches Landesmuseum Trier (Hrsg.): Führer zu archäologischen Denkmälern des Trierer Landes. Trier 2008. 86f.

Abb. 17 Bitburg, Reste der Befestigungsmauer, in ein Wohnhaus eingebaut

Kurz vor Trier führt uns die Via Agrippa auf Marcus' Spuren, des römischen Besitzers eines Steinbruchs, der Baumaterial für die Porta Nigra in Trier lieferte. Heute ist es still geworden um den urigen Ort, dafür locken ein schöner Wanderweg und ein Gläschen Viez – regionaler saurer Apfelwein – im Restaurant der Burg Ramstein.

08 DER RÖMISCHE STEINBRUCH ZWISCHEN BUTZWEILER UND KORDEL – DER STOFF, AUS DEM DIE PORTA NIGRA IST

DEUTSCHLAND Rheinland-Pfalz

Zwischen Beda (Bitburg) und Augusta Treverorum (Trier) müssen tiefe Rinnen die Via zerfurcht haben, denn auf schwer beladenen Karren wurden Erze und Sandstein aus den umliegenden Wäldern Richtung Mosel zum Weitertransport oder in die Metropole CCAA geschafft. Etwas nordöstlich von Trier befindet sich in einem bergigen Wäldchen zwischen Kordel und Butzweiler eines dieser römischen Bergwerke, das später als Steinbruch genutzt wurde (Abb. 18).

Es ist über den Premium-Römerwanderweg zu erreichen, der an der Burg Ramstein beginnt und neben dem urigen Wald und kleinen Wasserfällen verschiedene Höhlen und ein Stück einer römischen Langmauer zu bieten hat. Ein anderer Zufahrtspunkt ist ein kleiner Parkplatz am Ende des Ramsteiner Weges, der in Butzweiler von der Hauptstraße in den Wald führt. Von beiden Punkten ist der Steinbruch etwa 750 m entfernt.

Schon der Waldspaziergang zum Bergwerk ist sehr romantisch mit seinen engen Hohlwegen zwischen steilen, bewaldeten Hängen und herausstehenden Felsen. Die auffallend geformten, mit Buchen bewachsenen Hügel gehören praktisch schon zum Bergwerk, denn das sind die Abraumhügel des antiken und auch neuzeitlichen Bergbaus und der Steinbrucharbeiten. In einer Biegung stößt man nun auf das Bergwerk – ursprünglich ein vorspringender Sandsteinfelsen, der durch Steinbrucharbeiten bis auf einen riesigen Quader fast vollständig verschwunden ist. Die Felsenreste sind mit neun kreisrunden Schächten, den sog. Pützlöchern, versehen, die sich an verschiedenen Stellen senkrecht in das Gestein bohren. Sie haben einen ziemlich schmalen Durchmesser von knapp über einem Meter, sodass ein Mann gerade hindurchpasst. Die Löcher weisen darauf hin, dass man den Ort zunächst als Bergwerk benutzte. Sie waren z. T. bis zu 20 m tief und sind durch die späteren Steinbrucharbeiten teilweise angeschnitten worden, sodass man zwei dieser Schächte sogar im Querschnitt sehen und die Spuren der Werkzeuge verfolgen kann. Die hier abgebauten Erze wurden im 2. Jh. n. Chr. ausschließlich durch diese Schächte abgebaut und an die Oberfläche gebracht. Es handelt sich bei ihnen um Azurit und Malachit. In der Antike wurden diese beiden Erze hauptsächlich zu Kupfer und Bronze weiterverarbeitet. Für eine lohnende Metallverarbeitung war die Ausbeute in diesem Steinbruch allerdings viel zu gering. Besichtigt man das Innere des Bergwerks, erkennt man in den Schachtwänden immer wieder kleine schwarze Aushöhlungen, in die z. T. kaum eine Männerfaust passt. Darin befanden sich die im Sandstein eingeschlossenen Erzvorkommen. Man kann sich vorstellen, dass das Herausschlagen- und kratzen solch kleiner Brocken sehr mühsam gewesen sein muss, vor allem, wenn man sich in einem engen, kreisrunden Loch befand. Nur an wenigen Stellen wurden kleine Höhlen und Gänge in die Horizontale geschlagen. Bei der geringen Abbaumenge liegt eine andere Verwendung der Erze nahe: Malachit ist grün, Azurit blau gefärbt (Azurblau), man verwendete es zum Glasfärben und vor allem das wertvollere Azurit zur Herstellung von blauer Farbe. Vielleicht wurde sogar das kostbare Deckengemälde, das unter dem Trierer Dom gefunden wurde, mit Farbe ausgemalt, die aus diesem Bergwerk stammt?

Schon gegen 180 n. Chr. wurde die Kupfergewinnung zugunsten eines Steinbruchs aufgegeben. Doch gerade diese zweite Nutzungsphase macht den Steinbruch zu etwas Besonderem, denn von hier stammen riesige Steinquader, die für den Bau der Porta Nigra verwendet wurden. Trotz der teil-

Abb. 18 Römisches Bergwerk und Steinbruch zwischen Kordel und Butzweiler.

weise starken Verwitterung erkennt man an einigen Stellen, dass sich der Stein wie bei der Porta Nigra schwarz verfärbt hat. Zu den teilweise beschrifteten Quadern (z. B. ein großes V für 5) gibt es die entsprechenden Gegenstücke am Stadttor in Trier. Sehr gut kann man die Abbruchstellen der riesigen Felsblöcke sehen und z. T. sind noch die Schrotgräben zu erkennen, aus denen sie herausgebrochen wurden.

An der Vorderseite, am Wanderweg gelegen, befindet sich heute ein horizontaler Zugang in den Felsen, der im 19. Jh. gehauen wurde und mit einer Führung besichtigt werden kann. Er führt auch in die römischen Abbaukammern. Rechts über diesem Zugang ist noch eine römische Inschrift, MARCI, zu sehen, „des Marcus", ein Hinweis auf den römischen Besitzer des Steinbruchs (Abb. 19).

Ein Relikt der späten Nutzungszeit ist eine alte Lore, die vor dem Steinbruch auf den verrosteten Gleisresten liegt, über welche im 19. Jh. zum letzten Mal Steine von hier abtransportiert wurden – die übrigens ebenfalls zum Bau repräsentativer Bauwerke genutzt wurden. Einige machten den Weg bis nach Berlin, wo sie im Reichstagsgebäude verbaut wurden.

Abb. 19 Inschrift MARCI „Des Marcus", Name des römischen Steinbruchbetreibers.

Literatur:

Heimatverein Butzweiler e. V. (Hrsg.): Butzweiler und seine Umgebung. Butzweiler 2004.

Das konstantinische Augusta Treverorum weckte als kaiserliche Residenzstadt und aufstrebendes christliches Zentrum mit Sicherheit große Erwartungen bei Neuankömmlingen. Ein großer Teil der Innenstadt jedoch war vermutlich gar nicht begehbar, denn Konstantin ließ im großen Stil bauen.

09 TRIER – AUGUSTA TREVERORUM: DES KAISERS EWIGE BAUSTELLE

DEUTSCHLAND | Rheinland-Pfalz

Wer sich zu Beginn des 4. Jhs. n. Chr. nach einer tage- oder gar wochenlangen Reise durch die nebligen Wälder der Eifel nach Trubel und den Annehmlichkeiten einer Großstadt sehnte, wurde in Augusta Treverorum mit Sicherheit belohnt. Von Köln auf der Via Agrippa kommend, betrat man das antike Trier vom jenseitigen Ufer der Mosel genau wie heute noch über die sog. Römerbrücke (Abb. 20) westlich der Altstadt und die heute nicht mehr vorhandene *porta Inclyta* („prächtiges Tor"). Die Brücke allein muss mächtig Eindruck gemacht haben, denn sie war so breit, dass zwei Wagen nebeneinander Platz hatten. Ihre steinernen längs in Fließrichtung ausgerichteten schiffchenförmigen Pfeiler waren bereits 150 Jahre alt und haben sich auch bis heute gegen die starke Strömung, Hochwasser und Eis bewährt. Zwischen 144 bis 152 n. Chr. erbaut, war die Brücke bereits der zweite Nachfolgebau einer ursprünglichen Pfahljochbrücke aus Holz, die zur Zeit der Stadtgründung um 17. v. Chr. etwas flussaufwärts der jetzigen Brücke erbaut wurde. Sie gilt als die älteste Brücke Deutschlands und gehört wie auch die meisten restlichen antiken Bauten der Stadt zum UNESCO-Kulturerbe.

Besonders gut ist das römische Mauerwerk am Altstadtufer auf der Nordseite zu sehen. Trotz der Verwitterungsspuren und Verunreinigungen durch Graffiti kann man noch die Bearbeitungsspuren an den großen Steinquadern erkennen.

Während der Unterbau die Zeiten überdauerte, wurde der obere Teil der Brücke mehrfach erneuert. Der römische Reisende fuhr mit seinem Pferdegespann über eine den Pfeilern aufgesetzte Holzkonstruktion. Die charakteristischen Bögen wurden erst im 12. Jh. gebaut.

Die heute sichtbaren Bögen stammen aus dem frühen 18. Jh., als die Konstruktion nach einer 1689 durch das französische Militär vorgenommenen Sprengung der Brücke neu aufgebaut wurde. Aus dieser Zeit stammen auch das Kruzifix und die Statue des Heiligen Nikolaus in der Mitte der Brücke.

Hatte man nun die Stadt aus Richtung Westen betreten, stieß man direkt auf eine riesige Thermenanlage – die Barbarathermen – die im 2. Jh. n.

Chr. entstanden und nach den Traiansthermen in Rom die zweitgrößten ihrer Zeit waren. Bestimmt gab es Besucher, die nur ihretwegen die Reise nach Trier auf sich nahmen, zumindest aber boten die zahlreichen Wellnessangebote und Entspannungsmöglichkeiten in der 40.000 qm großen Anlage eine willkommene Abwechslung nach tagelanger Fahrt durch die Provinz.
Heute befindet sich die Ausgrabung der Thermen an der Ecke Südallee/Friedrich-Wilhelm-Straße. Warum diese Thermen nicht so bekannt sind wie die einige 100 m weiter östlich gelegenen Kaiserthermen, wird auf den ersten Blick klar: von ihnen ist nicht annähernd so viel übriggeblieben. Leider dienten sie in späteren Jahrhunderten vor allem als Steinbruch, vielleicht auch für das heute nicht mehr existente Kloster St. Barbara, das sich in der Nähe befunden haben soll und der Thermenanlage ihren späteren Namen gab.

Drang der Reisende des frühen 4. Jhs. nun weiter ins Innere der Stadt vor, wird er ein geschäftiges Treiben vorgefunden haben, vor allem zahlreiche Karren mit zentner- oder gar tonnenschweren Steinen und anderen Baumaterialien. Holzbalken wurden geschleppt, große Glasscheiben vorsichtig durch die Menge manövriert. Konstantin, seit 306 Kaiser des Westlichen Römischen Reiches, baute seine Residenzstadt aus und das Zentrum von Trier war eine große Baustelle. Um das Gebiet des heutigen Doms herum

Abb. 20 Die Römerbrücke mit Blick nach Westen.

war der Krach ohrenbetäubend und man sollte einen großen Bogen machen, denn ein ganzer Häuserblock wurde gerade abgerissen. Im Bereich der heutigen Dominformation waren noch die eingerissenen Reste einer Kirche zu sehen, hier befand sich der Kern des neuen Bauvorhabens: An der Stelle eines ursprünglich privaten christlichen Gebetsraumes, nicht größer als ein Wohnzimmer, dem später eine kleine Apsis hinzugefügt worden war, hatte man bereits eine Basilika errichtet, in der der erste Bischof Triers, Agritius waltete. Unter Konstantins Förderung sollte dieses Gebäude nun zu einer großen Kirchenanlage ausgebaut werden. Im Jahr 313 n. Chr. hatte er mit dem Kaiser des Ostens, Licinius, die Mailänder Vereinbarung unterzeichnet, die der Bevölkerung Religionsfreiheit gewährte und so den Weg für die nun legale Verbreitung des Christentums im Westreich ebnete. Heute kann man diesen wohl ersten christlichen Gebetsraum nördlich der Alpen mit einer archäologischen Führung besichtigen.
Einige Meter weiter auf Höhe des heutigen Doms funkelten blaue Brocken im Bauschutt eines eingerissenen edlen Hauses. Auf die aufwändigen Deckenmalereien wurde keine Rücksicht genommen, alles musste dem Kirchenvorhaben weichen. Um das bei Ausgrabungen unter dem Dom gefundene, zerstörte Deckengemälde, welches auf 15 Kassetten eine Vielzahl von Personen und mythologische Gestalten zeigt, ranken sich verschiedene Theorien. Eine geläufige besagt, dass Konstantin seinen eigenen Palast zugunsten des Kirchenbaus geopfert habe und es sich bei der im Zentrum des Gemäldes dargestellten Frau um seine Gattin Fausta handeln könnte. Eine andere, eher verklärende These schreibt die Gemächer Konstantins Mutter, der heiligen Helena, zu, die auch den heiligen Rock, die berühmte Reliquie des Trierer Doms, aus Palästina mitgebracht haben soll. Wer sich seine eigene Theorie aufstellen möchte, kann das wieder zusammengesetzte Gemälde im Dommuseum bewundern.
Auch dem, der in Augusta Treverorum nicht heimisch war, dürfte bei der Ankunft in der Kaiserstadt nicht entgangen sein, dass eine Reihe alter Gebäude für einen riesigen Kirchenkomplex zerstört wurde. Für Anhänger der heidnischen Religionen muss dieser Aufwand zugunsten einer aufstrebenden Religion, deren Anhänger bis vor Kurzem noch verfolgt worden waren, etwas Beängstigendes gehabt haben.
Das von Konstantin begonnene Bauvorhaben wurde erst lange nach seiner Zeit zum Ende des 4. Jhs. unter den Kaisern Valentinian und Gratian vollendet. In dieser Zeit wurde ein 1.600 qm messender Quadratbau eingebaut, welcher heute noch als Vierung des Doms unmittelbar vor dem Altarraum in das Domgebäude integriert ist. Die vier eckigen Säulen, die diesen Bereich eingrenzen, tragen, wenn auch verblasst, das typische, mit roten Ziegelbändern durchzogene Mauerwerk. Wer links um das Dom-Gebäude herumgeht, entdeckt außen an der Nordseite das gleiche römische Mauerwerk.

Etwas südlich dieser großen Baustelle wird der spätantike Besucher ein vermutlich frisch fertiggestelltes, beeindruckendes Gebäude gesehen haben, die Konstantinbasilika. Sie wurde wahrscheinlich zu Beginn des 4. Jhs. unter Kaiser Constantius Chlorus als Teil des kaiserlichen Palastbezirkes errichtet und diente später seinem Sohn Konstantin als königliche Empfangs- und Thronhalle. Um diesem Zweck gerecht zu werden, war sie damals mit Marmor ausgestattet und verfügte über beheizte Wände und Böden. Die heutige karge Innenausstattung der evangelischen Kirche lässt den riesigen Innenraum zu voller Geltung kommen. Will man das Gebäude umrunden, stellt man fest, dass es auf der Rückseite einen ausladenden barocken Anbau hat, der gar nicht zu dem schlichten Design der Basilika passen mag. Es handelt sich um die Residenz Lothar von Metternichs – Trierer Erzbischof und Kurfürst – für deren Bau er Anfang des 17. Jhs. die Rückwand der Basilika einreißen ließ. Die frisch renovierte Konstantinbasilika, die seit dem 19. Jh. die evangelische Kirche beherbergt, ist heute noch der größte römische freitragende Raum. Zwar müssen ihre Ausmaße damals schon beeindruckend gewesen sein, doch konnte der Prachtbau vermutlich nicht seine volle Wirkung ausstrahlen, denn südlich davon schloss sich eine weitere ausladende Baustelle an: hier entstand Konstantins neuer Badekomplex, die heutigen Kaiserthermen, bestehend aus einem weiten quadratischen Hof, der heute mit Gras bepflanzt ist, und einem großen Badekomplex am nördlichen Ende, dessen Mauern heute immer noch in die Höhe ragen. Auch sie wurden wahrscheinlich schon unter Constantius Chlorus begonnen, allerdings waren sie 324 n. Chr., als Kaiser Konstantin Byzanz als neue Residenz wählte, noch nicht fertiggestellt und standen seitdem als Bauruine leer. Erst im späten 4. Jh. nahm man sich der Anlage wieder an, allerdings wurde sie nicht fertiggebaut, um ihrem eigentlichen Zweck zu dienen, sondern erfuhr breit angelegte Umbaumaßnahmen und wurde wahrscheinlich als Kaserne für die kaiserliche Leibgarde genutzt. Neben der gut erhaltenen östlichen Außenfassade, an der man drei Apsiden und mindestens zwei angelegte Etagen ausmachen kann, liegt die Faszination dieser Ruine vor allem im unterirdischen Teil. Ein scheinbar endloses Labyrinth aus über 4 m hohen Versorgungs-Gängen lässt den Besucher bald die Orientierung verlieren. Von hier aus sollten die Bäder beheizt werden. Es ist auch noch ein Raum mit einer Hypokaustenheizung erhalten.

Augusta Treverorum bot sich dem Ankömmling also keineswegs als vollkommene Kaiserstadt dar, an allen Ecken und Enden war sie vielmehr unfertig. Nicht einmal das nördliche Stadttor war fertig, obwohl das schon lange vor Konstantins Zeit errichtet worden war. Aber wie auch seine Vorgänger brauchte Kaiser Konstantin sein Geld offensichtlich für andere Maßnahmen. Die Rede ist von der Porta Nigra (Abb. 21), die im 2. Jh. als

Abb. 21 Die grob gehauene Außenseite der Porta Nigra.

Teil der Stadtmauer von Augusta Treverorum erbaut wurde. Ihre zwei Durchgangstore werden von zwei Etagen überragt sowie von zwei nach außen halbrunden Türmen mit je noch einer weiteren Etage flankiert. Damit ist sie insgesamt 30 m hoch. Diese massive Optik und die Verzierung mit Halbsäulen zwischen den Fenstern lassen auf eine repräsentative Funktion schließen. Nützlich hingegen waren die vielen Fenster, von denen aus man eindringende Feinde mit Geschossen bewerfen konnte.

Fertiggestellt wurde das massive Tor jedoch nie, die Steine sind noch roh gehauen und vermissen den letzten Feinschliff, der den Römern doch eigentlich so wichtig war. Vielleicht war am Ende des 2. Jhs. nach der Belagerung durch Clodius Albinus das Geld ausgegangen.

Dass wir heute die massive Porta Nigra noch bewundern dürfen, haben wir dem heiligen Simeon zu verdanken, der sich im 11. Jh., als Säulenheiliger aus dem Heiligen Land kommend, einen Teil des damals schon leeren Turms als Refugium erwählt hat, in dem er fünf Jahre lang bis zu seinem Tod wohnte. Ihm zu Ehren wurden die oberen Etagen des Bauwerkes zu einer Kirche umgebaut und der Durchgang wurde verschüttet. Die Verwendung als Kirche kann man an dem Absidenanbau, der bis heute erhalten geblieben ist, und an den vielen Reliefarbeiten im Inneren nachvollziehen. Napoleon I. ließ im frühen 19. Jh. die Kirche entfernen, da zu seiner Zeit das Interesse an antiken Gebäuden wuchs, und damit viele Bauwerke der Antike von mittelalterlichen Um- und Anbauten befreit wurden.

Wenn man als Händler Richtung Gallien und Mittelmeer unterwegs war, hielt man sich sicherlich nur so lange wie nötig in Augusta Treverorum auf, vielleicht hatte man Werkzeug oder Steinquader für die neuen Thermen angeliefert. Man arbeitete sich über die geschäftige Nord-Süd-Achse, den Cardo Maximus entlang (die heutige Saarstraße) und verließ die Stadt durch die heute nicht mehr erhaltene Porta Media. Hatte man aber etwas mehr Muße oder wollte seinen Weg nach Osten Richtung Koblenz fortsetzen, führte kein Weg am Amphitheater vorbei, das Unterhaltungsarena und Stadttor zugleich war, da es leicht schräg in die Stadtmauer integriert war, sodass man durch einen Eingang von außerhalb der Stadt hinein- und auf der anderen Seite innerhalb der Stadtmauer wieder herauskam. Diese in der Längsachse des Theaters verlaufenden Ein- und Ausgänge sind noch gut zu erkennen.

Auf der südlichen Seite sieht man vor dem Durchgang in die Arena auf der rechten Seite im Gras Reste des steinernen Fußbodens, der z. T. mit tiefen Rillen durchzogen ist, die durch jahrzehntelanges Benutzen durch Fuhrwerke entstanden sind. Scheinbar sind Ankömmlinge tatsächlich mitten durch die Arena ins Stadtinnere gelangt. Von der Pracht des Amphitheaters, das einst ca. 18.000 Zuschauern Platz bot, ist nicht mehr allzu viel zu sehen, da der Zuschauerraum, die *cavea*, nicht vollständig ausgegraben und mit Gras überwachsen ist. Dafür sind die Strukturen rund um die ovale Arena recht aufschlussreich. Diese schließt mit einem Graben und einer hohen Mauer ab, sodass das Publikum vor wilden Tieren geschützt war. Die Tiere waren in gemauerten Käfigen, die heute als leere Räume von der Arena aus betreten werden können, untergebracht, oder im Keller, von wo aus sie mit einer Hebebühne nach oben oder unten transportiert werden konnten. Dieser bis zu 3 m tiefe Keller kann vollständig durchlaufen werden.

Einen weiteren Blick in das römische Trier bietet dem modernen Besucher das Trierer Landesmuseum, das sich hinter den Kaiserthermen befindet. Über die Stadtgeschichte hinaus trumpft es mit beeindruckenden Funden aus der Region auf wie der Gräberstraße, einer Sammlung aufwendiger Grabmäler, die im Fundament eines im 4. Jh. erbauten Römerkastells entdeckt wurden. Vermutlich standen sie ursprünglich in der Region verteilt an gut sichtbaren Orten nah an der Straße oder an den Moselhängen, bis sie der militärischen Notwendigkeit zum Opfer gefallen sind und als Baumaterial zweckentfremdet wurden. Der berühmteste Grabstein ist das Weinschiff aus dem nahe gelegenen Moselort Neumagen, der sich seit dem Fund ältester Weinort Deutschlands nennt.

Eine weitere Sensation des Museums ist der Trierer Goldschatz, eine Ansammlung von 2.600 Goldmünzen aus dem 2. Jh., die in den 90ern zufällig beim Bau eines Parkhauses gefunden wurde. Der Schatz samt Gefäß ist hier im Original ausgestellt und die Münzen funkeln, als wären sie eben erst geprägt worden.

Literatur:

Schiffer, Thomas: Auf Römerwegen durch die Eifel. Rheinbach 2012. 41–47.

Rheinisches Landesmuseum Trier (Hrsg.): Führer zu archäologischen Denkmälern des Trierer Landes. Trier 2008. 36–76.

Cüppers, H. et al.: Römische Siedlungen und Kulturlandschaften. Geschichtlicher Atlas der Rheinlande. Beiheft III/1–III/2. Köln 1985.

In Konz trifft die Via Agrippa nicht nur auf Saar und Mosel, sondern auch auf die Via Ausonia – benannt nach Ausonius, der sich neben seiner Tätigkeit als Grammatiklehrer und Prinzenerzieher auch einen Namen als Reiseschriftsteller machte, indem er in dem Gedicht *Mosella* seine Reise zwischen Bingen und Trier eindrucksvoll niederschrieb.

10 KONZ – CONTIONACUM: AUGUSTIS MURIS ODER DIE IM HEXAMETER BESUNGENEN MAUERN DES KAISERS

DEUTSCHLAND Rheinland-Pfalz

Bei Contionacum überquerte die Via Agrippa das Saartal auf einer Holzbrücke ähnlich der Römerbrücke in Trier, deren Unterbau noch bis 1932 erhalten war. Da zwei Flüsse – Mosel und Saar – hier zusammenliefen, wird an diesem Ort reger Verkehr geherrscht haben. Von hier aus konnte man auf zwei Trassen weiter Richtung Divodurum (Metz) gelangen. Eine Trasse führte auf der linken Moselseite vorbei an der Igeler Säule durch Ricciacus (Dahlheim), welches auch als Wegestation auf der Tabula Peutingeriana eingetragen ist, während der andere Weg auf der rechten Moselseite über die Brücke bei Konz und weiter über Tabernae (Tawern) und an der Villa Borg entlang führte.

Ein berühmter Reisender in dieser Region ist der spätantike Beamte und Dichter Ausonius. Seit 365 n. Chr. arbeitete er am kaiserlichen Hof in Augusta Treverorum und unterrichtete dort Kaiser Valentinians Sohn Gratian, was ihn zu einem angesehenen Mann machte. Als er 368 n. Chr. auf der Straße zwischen Bingium (Bingen) und Augusta Treverorum durch den Hunsrück unterwegs war, muss ihn die Landschaft derart fasziniert haben, dass er drei Jahre später der Mosel ein eigenes Gedicht widmete. In dem 483 Verse langen und in einem kunstvollen Versmaß, dem Hexameter, verfassten Werk beschreibt er seine Etappen und die Flora und Fauna sowie die Architektur entlang des Weges. Über die Saarmündung bei Konz schreibt er Folgendes:

„*Naviger undisona dudum me mole Saravus / tota veste vocat, longum qui distulit amnem, / fessa sub Augustis ut volveret ostia muris.*“ (Aus. Mos. 367f.)

„*Die schiffbare Saar mit ihren rauschenden Wellen ruft mich und winkt mir schon lange mit ihrem ganzen Gewand. Sie trug ihren langen Strom dahin, um sich unter den kaiserlichen Mauern in die erschöpfte Mündung zu wälzen.*“ (Übersetzung Peggy Leiverkus)

Abb. 22 Teil des *frigidariums* (Kaltbad) der kaiserlichen Villa.

Hier nun trifft Vergangenheit auf Gegenwart, denn die Reste dieser kaiserlichen Mauern sind heute noch an der Gartenstraße oberhalb des Friedhofes in Konz zu sehen. Oben am Hang, gut sichtbar für die Vorbeireisenden, mit einem herrlichen Blick auf das Moseltal und die Saarmündung, thronte diese große Villa, in der Kaiser Valentinian seine Sommerresidenz hatte (Abb. 22). In den Monaten Juli und August des Jahres 371 n. Chr. hat er hier sogar vier Gesetze unterzeichnet, wie wir aus dem *Codex Theodosianus* wissen, einer spätantiken Gesetzessammlung, in der alle römischen Gesetze und Erlasse seit dem Jahr 312 n. Chr. erfasst waren. Diese Quelle ist das Bindeglied zwischen Archäologie und Geschichte, denn der darin erwähnte Ortsname Contionacum passt zum modernen Ortsnamen Konz, zu Ausonius' Schilderung und der Lage der gefundenen Villenreste. Ausonius, der am kaiserlichen Hof ein und aus ging, wird sich hier häufiger aufgehalten haben. Vielleicht hat er sogar im Jahr 371, während Valentinian über seinen Gesetzen brütete, auf einer mit Säulen umsäumten Terrasse den Blick ins Tal genossen und seine *Mosella* verfasst?

Literatur:

Ausonius: Mosella. Herausgegeben, übersetzt und kommentiert von Otto Schönberger. Stuttgart 2014.

Anhäuser, U.: Die Ausonius-Straße. Ein archäologischer Reise- und Wanderführer. Alf 2006.

Die Römer waren gute Gastgeber, und das nicht nur im eigenen Haus, sondern auch auf der Straße. Wer den langen Weg in den hohen Norden bis nach Köln auf sich nahm, sollte das wenigstens mit allem Komfort tun – dazu gehörten neben Übernachtungsmöglichkeiten z. B. auch Tempel wie hier in Tabernae, um ein dringendes Opfer zu bringen.

11 TAWERN – TABERNAE: EINE ANTIKE AUTOBAHN-KIRCHE

DEUTSCHLAND Rheinland-Pfalz

Allein der Name des kleinen Ortes Tawern verrät etwas über seine Vergangenheit. *Taberna* oder *Tabernae* wird es einmal geheißen haben, was so viel bedeutet wie Hütte, Laden oder Wirtshaus. Eine mehr praktische denn kreative Namensgebung, wurde doch die kleine Häuseransammlung direkt an der Via Agrippa gebaut, wahrscheinlich als Raststätte, wo man essen, schlafen und die Pferde wechseln konnte. Heute ist der antike Ort größtenteils von einer Neubausiedlung überbaut, doch an der Straße „In den Brühmorgen" wurden einige Mauerreste erhalten sowie ein Modell des *vicus* aufgestellt. Neun Gebäude, die wenige Jahre nach der Gründung Triers (ca. 17 v. Chr.) entstanden, wurden hier entdeckt, darunter eine Schmiede und ein vierseitiger Bogen, der die Straße überspannte. Dieser stammt allerdings aus dem 3. Jh.

Um den Reisenden auch die Möglichkeit zum Beten und Opfern zu geben, wurde im 1. Jh. auf dem nahen Metzenberg ein Heiligtum errichtet, das heute über die Bachstraße nahe der Ausgrabung im Ort zu erreichen ist (Abb. 23). Über diesen Berg wand sich auch die Via Agrippa, wie der Name Metzenberg schon sagt, Richtung Metz. Das Heiligtum besteht aus einem trapezförmigen, heiligen Bezirk, in dem sieben Gebäude aus verschiedenen Bauzeiten nachgewiesen wurden, deren Öffnungen alle zum Tal hin ausgerichtet waren. Mehrere der kleineren Gebäude, aber auch ein großer Tempel wurden liebevoll restauriert. An der Nordwestecke des Geländes befindet sich ein alter Brunnen, in dem Architekturteile, Fragmente von Inschriften, Reliefs und der Kopf einer Statue gefunden wurden. Dieser mysteriöse Fund ist damit zu erklären, dass im Jahr 392 n. Chr. die Ausübung der heidnischen Kulte durch Kaiser Theodosius verboten wurde und im Zuge dessen viele Tempel zerstört wurden. So wird es auch auf dem Metzenberg gewesen sein, wo man die mit dem Kult verbundenen Gegenstände und Tafeln in den Brunnen warf. Eine tief im Brunnen gefundene Münze belegt, dass er bis zu jenem Verbot, also bis ins späte 4. Jh., noch in Takt gewesen sein muss.

Fünf Inschriften sowie der Kopf aus dem Brunnen verraten uns, dass das Heiligtum hauptsächlich Merkur geweiht war, dem Gott des Handels und der Reisenden. Auch hier zeigt sich wieder, dass die Siedlung und das Heiligtum wahrscheinlich extra für die Durchreisenden auf der Via Agrippa erbaut wurden. Eine Art Autobahnkirche sozusagen, wo man sich mit einer Weihegabe für die bisher glimpflich verlaufende Reise bedanken oder für eine schnelle Weiterfahrt ohne Zwischenfälle beten konnte. Über 1.800 bei dem Haupttempel gefundene Münzen aus vielen unterschiedlichen Prägestätten zeigen passend dazu, dass kaum Einheimische den Tempel benutzt haben.

Anhand des gefundenen Kopfes und ähnlicher Darstellungen wurde eine Merkurstatue rekonstruiert, bemalt und im Innern des großen Tempels aufgestellt, auch die Wände sind nach dem Vorbild ähnlicher Tempelanlagen in der näheren Umgebung gestaltet worden. Das Gebäude selbst ist ein Umgangstempel, der typisch war für diese Gegend. Er bestand aus der *cella*, einem hohen Raum mit einer Tür, und einem überdachten Säulenumgang, der hier allerdings nur an drei Seiten nachweisbar ist.

Dass die Römer offen für verschiedene Götter, auch anderer Religionen, waren, zeigt sich in weiteren Funden, die belegen, dass hier auch der Lichtgott Apollo, die keltische Pferdegöttin Epona sowie das ägyptische Götterpaar Isis und Serapis angebetet wurden.

Unmittelbar hinter dem heiligen Bezirk führt die Via Agrippa entlang, hier wurde noch ein weiteres profanes Gebäude gefunden und z. T. rekonstruiert. Seine Funktion bleibt unklar. Es könnte sich um eine Wachstation oder ein Gebäude mit Geschäften gehandelt haben, in denen man Votivgaben für die Benutzung des Heiligtums erwerben konnte.

Von hier aus kann man wunderbar auf dem saftig bewaldeten Metzenberg umherwandern und die Trasse der Via Agrippa verfolgen.

Literatur:

Rheinisches Landesmuseum Trier (Hrsg.): Führer zu archäologischen Denkmälern des Trierer Landes. Trier 2008. 176–179.

Abb. 23 Das Heiligtum auf dem Metzenberg in Tawern.

Auf dem Weg nach Luxemburg führt die links der Mosel entlangführende Trasse der Via Agrippa an zwei außerordentlichen Grabmälern vorbei, von denen eines durch seine Herrlichkeit immer wieder Aufmerksamkeit von Künstlern und Schriftstellern erfuhr. Heute gehört es zum UNESCO-Kulturerbe.

12 IGEL – IST DAS HELENA ODER KANN DAS WEG?

DEUTSCHLAND | Rheinland-Pfalz

Igeler Säule

Lange nach den Römern wanderte Johann Wolfgang von Goethe durch das Trierer Land und kam dabei durch den kleinen Ort Igel an der Mosel, von dem er Folgendes berichtete:

„Auf dem Wege von Trier nach Luxemburg erfreute mich bald das Monument in der Nähe von Igel. Da mir bekannt war, wie glücklich die Alten ihre Gebäude und Denkmäler zu setzen wußten, warf ich in Gedanken sogleich die sämtlichen Dorfhütten weg, und nun stand es an dem würdigsten Platze. Die Mosel fließt unmittelbar vorbei [...]“ (Kampagne in Frankreich, Anmarsch, 23. August 1792).

Die Rede ist von der Igeler Säule (Abb. 24), einem 23 m hohen, reich verzierten Grabmonument aus der späten Kaiserzeit. Durch ihre Größe und die prominente Lage muss sie auch für Reisende am anderen Moselufer sichtbar gewesen sein.
Heute ist sie, von Trier kommend, rechts neben der Hauptstraße hinter dem Hotel „Igeler Säule“ versteckt.

Securus und Aventinus Secundius, Mitglieder einer reichen Tuchmacherfamilie, ließen diesen monumentalen Grabstein um 250 n. Chr. für ihre verstorbenen Verwandten und „für sich selber, um es zu Lebzeiten schon zu besitzen“, errichten, wie die vorderseitige Inschrift verkündet. In einem zentralen Relief über der Inschrift sind die entsprechenden Familienmitglieder zu sehen. Dieser Darstellung ist der Erhalt des Monuments über die Jahrtausende zu verdanken, denn spätestens seit dem Mittelalter glaubte man, hier sei die Vermählung der Mutter Kaiser Konstantins, der heiligen Helena, mit seinem Vater Constantius Chlorus dargestellt. Durch diesen Irrglauben blieb das Grabmonument von den Christen verschont.

Abb. 24
Römisches Grabmal „Igeler Säule".

Es gibt darüber hinaus keine Stelle der Säule, die nicht verziert ist. Nach der Restaurierung, die 2015 abgeschlossen wurde, kann man die verschiedenen, entweder mit Szenen aus der Mythologie oder aus dem Alltag der Tuchmacherfamilie geschmückten Segmente der Säule gut studieren.
Der treppenartig angelegte Unterbau war ursprünglich auf jeder Stufe mit Bildern geschmückt, u. a. zwei Treidelszenen, in der Männer jeweils einen Kahn mit großen Stoffballen ziehen. Auch auf dem Sockel darüber sind Szenen aus dem Leben der Tuchmacherfamilie dargestellt, so wird auf der

Südseite (Front) geliefertes Tuch geprüft und registriert, während auf der Nordseite ein großer Tuchballen von fünf Männern verpackt wird.
Umrundet man die Säule, kann man von der höher gelegenen Balustrade gut das zentrale Relief im Hauptteil erkennen, das die Himmelfahrt des Hercules zeigt. Auf einem vierspännigen Streitwagen stehend, die typische Keule in der Hand, greift er nach der Hand eines von oben kommenden Mannes, vielleicht Mercur, der ihn in den Olymp holt. Die Szene befindet sich in einem Kreis mit den zwölf Sternzeichen, darum herum erkennt man die pustenden Gesichter der vier personifizierten Himmelsrichtungen. Auch die übrigen Seiten des Hauptteils sind mit mythischen Szenen geschmückt, während eine Etage höher, auf dem Fries, wieder Alltagsszenen der Tuchmacher zu sehen sind. Auf der Ostseite sieht man beispielsweise fünf Diener, die in einer Küche an Öfen und Tischen hantieren und offenbar Speisen zubereiten, während an der Südseite gespeist wird.
Das nächsthöhere Bauelement, die Attika, zeigt erneut verschiedene Szenen. Scheinbar bleiben hier die neuen Ideen aus, denn man sieht an der Süd- und Ostseite zwei vergrößerte Ausschnitte des Reliefs am südlichen Sockel, auf dem Tuch geprüft und registriert wird.
Jede Seite der Säule wird von einem Giebeldreieck gekrönt, auf dem jeweils wieder mythologische Szenen zu sehen sind. Ursprünglich waren die Dreiecke von Frauengesichtern an den Ecken und auf den Giebelspitzen umsäumt. Diese waren aber vermutlich zu fragil und dem Wetter ausgesetzt, so wurden die Schmuckelemente durch einfache Mauersteine ersetzt.
Die Säule verjüngt sich nun zu einem leicht nach innen gewölbten spitzen Dach aus Stein, das mit eingekerbten Dachziegeln verziert ist. Den Abschluss bildet ein von Frauenbüsten umringtes Ei, auf welchem Jupiter als Adler steht und den Hirtenknaben Ganymed raubt, dem er verfallen ist.
Der gebildete Reisende, so er denn Zeit zum Rasten hatte, wird sich an den zahlreichen mythologischen Szenen erfreut haben, während die Alltagsszenen auch von bescheideneren Geistern verstanden werden konnten. Natürlich waren die Reliefs im 3. Jh. viel besser zu entziffern, da sie farbig bemalt waren, sodass sie plastischer wirkten und auch die weit oben befindlichen Abbildungen gut erkennbar waren. Einen Eindruck dieser farbigen Gestaltung kann man sich im Trierer Landesmuseum machen, wo die Säule originalgetreu im Innenhof nachgebaut und bemalt wurde.

Grutenhäuschen

Kaum 2 km flussaufwärts erblickte der Reisende ein weiteres prächtiges Grabmonument, das allerdings in einem ganz anderen Stil gehalten war. Das von den Einheimischen heute als Grutenhäuschen (Abb. 25) bezeichnete tempelartige Gebäude stand, weit von der Mosel aus sichtbar, in exponierter Hanglage mitten im Weinberg. Es bestand aus zwei Etagen. Un-

Abb. 25 Römisches Grabmal „Grutenhäuschen" in Igel.

ten befand sich in den Hang hinein gebaut die Grabkammer mit Tonnengewölbe, darüber ein fast quadratischer, einer *cella* ähnlicher Raum mit großem Tor und einer vorgelagerten Säulenhalle, welche von einem Dreiecksgiebel gekrönt wurde. So stellt man sich das ursprüngliche Aussehen zumindest vor, da vor der Restaurierung im Jahr 2000 nur die Grabkammer erhalten war.

Das Gebäude entstand wahrscheinlich im 3. oder 4. Jh., als Körperbestattungen in Mode kamen, sodass wohlhabende Leute sich Grabmäler mit Kammern für die Sarkophage errichten ließen. Auch dieses Grabmal gehörte zweifellos einer wohlhabenden Familie, deren Anwesen sich in Sichtweite befand.

Die schöne Lage und die Anmut des wiederaufgebauten Gebäudes machen das Grutenhäuschen heute zu einer beliebten Rast- und Feierstätte, an der man sich sogar – wenn man mit makabrem Humor ausgestattet ist – trauen lassen kann.

Das Grabmonument und die Igeler Säule sind durch einen Wanderweg miteinander verbunden.

Literatur:

Deru, X.: Die Römer an Maas und Mosel. Mainz 2010. 101ff.

Ein Großgrundbesitzer an der Mosel konnte beides sein: Kelte und Römer; dem alten Familienwohnsitz treu bleiben und doch mit den Trends der römischen Haus- und Gartenarchitektur mithalten. Dies gelang dem Gutsherrn der Villa Borg sehr gut. Schon der Weg zu seinem Haus ließ den Besucher in ein mediterranes Lebensgefühl eintauchen.

13 PERL – DIE VILLA BORG: MEDITERRANER GARTENLUXUS IN DER PROVINZ

DEUTSCHLAND Saarland

Auf einer Fläche von insgesamt 7,5 ha befindet sich auf einem kleinen Hügel nahe der östlichen Via Agrippa-Trasse bei Perl einer der großen antiken Gutshöfe der Region, dessen Gelände zwar noch nicht vollständig erforscht wurde, der aber im Kern ausgegraben und so originalgetreu wie möglich wiederaufgebaut wurde.

Diese Anlage ist ein wunderbares Beispiel für die Romanisierung einheimischer Kelten. Bereits im 1. Jh. v. Chr. standen genau an der Stelle des römischen Herrenhauses Häuser auf hölzernen Pfählen und auch der spätere Innenhof war bereits in vorrömischer Zeit unbebaut. Obwohl der Boden hier ungünstig zum Bauen war, wurde anstelle der Holzbauten später ein Steingebäude errichtet. Wahrscheinlich war dieses Grundstück über mehrere Generationen in der Hand einer adligen keltischen Familie. Der Aufbau und die Ausstattung der Villa ab dem 1. Jh. n. Chr. zeigen, dass diese sich recht bald mit den Römern arrangiert und ihren Wohnsitz nach deren Vorbild gestaltet hat (Abb. 26). Das dafür notwendige Vermögen hatten sie wahrscheinlich durch regen Handel mit den Römern erworben.

Bei der Anlage des Anwesens hat sich der Bauherr sehr viele Gedanken über Ästhetik und Symmetrie gemacht. Näherte sich ein Besucher von der Hauptstraße, betrat er durch ein Tor den etwa 400 m langen und 150 m breiten Wirtschaftsbereich (*pars rustica*), durch dessen Mitte ihn ein gerader, vielleicht von Bäumen gesäumter Weg bis zum Wohnbereich führte. Dieser dem Wohntrakt vorgelagerte Bereich liegt heute noch zum größten Teil im Wald verborgen, doch zeigen zahlreiche Erhebungen, dass an die wohl mannshohe Außenmauer auf beiden Seiten in regelmäßigen Abständen kleine Gebäude angebaut waren. Bestimmt waren es Wirtschaftsgebäude, z. B. Werkstätten, Getreidelager und Ställe. Durch ihre symmetrische Anordnung und die Lage am äußeren Rand der *pars rustica* fielen sie nicht auf und ließen im Innern Platz für die eigentliche Bewirtschaftung, also für Getreidefelder, Viehweiden, Obst- und Gemüsegärten. Nachdem der Besucher dieses Areal durchquert hatte, gelangte er zu einem großen, repräsentativen Tor, das in den Wohnbereich der Familie (*pars domestica*)

Abb. 26 Blick durch das Eingangstor auf Hof und Gutshaus (*pars domestica*) der Villa Borg.

führte. Beim sich dahinter bietenden Anblick dürfte ein einfacher Händler oder Bote, der noch nie in Italien gewesen war, gestaunt haben. Die dreiflügelige Villa war um einen mediterran gestalteten Innenhof angelegt, dem ein großes rechteckiges Wasserbecken vorgelagert war. Eine steinerne Nymphe grüßte elegant vom Beckenrand. Dies war gewiss kein einfacher Wasserspeicher, sondern ein repräsentatives Element der Gesamtgestaltung des Anwesens, das im Sommer aber sicher auch der Erfrischung diente. Passend dazu wird auch der Hof gestaltet gewesen sein, mit symmetrisch angelegten Wegen, Büschen und Bäumen, die den Besucher vergessen ließen, dass er sich auf einem Bauernhof in Germanien befand. Die moderne Gestaltung dieses Innenhofs gibt ein gutes Bild davon, wie der Hof einst ausgesehen haben könnte.

Empfangen wurde man schließlich in der sich über zwei Etagen erstreckenden Halle im Haupthaus gegenüber dem Eingangstor. Dieser Gebäudeteil war mit einem überdachten Säulengang umgeben, wodurch die Architektur ein wenig an die gallo-römischen Tempel in der Umgebung erinnert. Hier konnte man geschützt vor Sonne und Regen draußen flanieren. Bei einem längeren Aufenthalt durfte man sicherlich auch die großzügige, hauseigene Badeanlage mit dem Hausherrn teilen, schließlich machte das Baden den Römern bekanntlich in Gesellschaft am meisten Spaß. Nach mehreren Erweiterungsmaßnahmen nahm der Badetrakt fast den gesamten rechten Flügel ein und verfügte über alle Bestandteile einer öffentlichen Therme. Heute ist das gesamte Bad befundgetreu wiederhergestellt und kann von Gruppen angemietet und im Stil der römischen Badekultur benutzt werden. Besonders schön ist die Gestaltung des *frigidariums*, dessen Tonnengewölbe und die maritime Malerei aus den archäologischen Befunden rekonstruiert wurden.

Im vorderen Bereich dieses Flügels befindet sich heute eine römische Taverne, in der man römische Speisen und Getränke ausprobieren kann, die mit Zutaten aus dem nach römischem Vorbild angelegten Kräuter- und Obstgarten zubereitet werden.

Literatur:

Birkenhagen, B.: Die Römische Villa Borg. Ein Begleiter durch die Anlage. Merzig 2004.

Entlang der Mosel muss die Via Agrippa streckenweise wie eine Gräberstraße ausgesehen haben. Reiche Winzerfamilien ließen hier, gut sichtbar für Durchreisende, eindrucksvolle Denkmäler für ihre verstorbenen Angehörigen errichten – ein morbide schöner Anblick.

14 POTASCHBERG, FLAXWEILER, BECH-KLEINMACHER, REMERSCHEN – VIER GRABMONUMENTE AN DER VIA UND DER MOSEL: STERBEN UND GESEHEN WERDEN

LUXEMBURG Reimich

Im heutigen Luxemburg befand sich zu römischer Zeit das Grenzgebiet zweier gallischer Stämme, der Treverer, die im Raum des heutigen Trier lebten, und der Mediomatriker, deren Hauptstadt das heutige Metz war. Diese beiden urbanen Zentren waren fast schnurgerade durch die Via Agrippa miteinander verbunden. In diesem Gebiet, vor allem an den Hängen der *mosella*, wurde viel Weinbau betrieben. Die Spuren des prosperierenden Weinbaus finden wir in dieser Region nicht nur in Form von Resten prächtiger Villen, sondern auch ausnehmend imposanter Grabmäler der Großgrundbesitzer und Winzer, die hier zwischen dem 1. und 4. Jh. gelebt haben.
Vier rekonstruierte Grabmonumente an der Via Agrippa und an der Mosel zeugen vom Reichtum, aber vor allem auch von den unterschiedlichen Bauweisen gallo-römischer Grabmonumente. Diese konnten in Form von Hügelgräbern, die meist einen runden Grundriss hatten und von einer steinernen Mauer eingefasst waren, in Form großer Säulen, verzierter Quader oder kleiner Grabtempel errichtet werden. Ihnen allen war gemein, dass sie möglichst groß, aufwendig und an prominenter Stelle platziert waren, sodass möglichst viele Menschen die Denkmäler sahen und so die Toten in Erinnerung behielten.
Die beiden Gräber auf dem Potascheberg und in Flaxweiler liegen ca. 3 km auseinander und können bei schönem Wetter auch mit dem Fahrrad oder zu Fuß nacheinander besichtigt werden. Die Grabmonumente in Bech-Kleinmacher und in Remerschen befinden sich ca. 30 km weiter Richtung Frankreich und liegen beide direkt an der Mosel.

Der Grabstein auf dem Potaschberg

Im 2. Jh. n. Chr. wurde unmittelbar neben der Via Agrippa auf dem Potaschberg ein prächtiges Grab (Abb. 27) in einem ummauerten Grabbezirk errichtet. Das Denkmal war seinerzeit ca. 12 m hoch und großzügig mit mythologischen Bildern und Szenen aus dem Leben einer reichen Winzerfamilie verziert. Vermutlich gehörte es einem Großgrundbesitzer, der auf einem 600 m nördlich gelegenen Gutshof lebte, der allerdings nicht mehr sichtbar ist.

Die Höhe des rekonstruierten Grabmonuments beträgt lediglich etwa ein Drittel der Originalhöhe und nur wenige Originalteile und Verzierungen sind darin eingearbeitet. Auf den Informationstafeln findet man eine gezeichnete Rekonstruktion des Grabmals, die einen Eindruck der ehemaligen Pracht verschafft.

Man erreicht das Monument, indem man von Grevenmacher aus die Landstraße 1 rechts hinauffährt, bis auf der linken Seite ein weißes Schild den weiteren Weg weist. Nach ca. 300 m erblickt man dann auf der linken Seite den umfriedeten Grabbezirk mit dem rekonstruierten Grabstein.

Der Grabhügel bei Flaxweiler

Wenige Kilometer weiter, vermutlich ebenfalls in unmittelbarer Nähe der antiken Hauptstraße, befindet sich ein weiteres, doch ganz anders gestaltetes Grabmal. Man findet es heute östlich neben der kleinen Landstraße 122 zwischen der Autobahn A1 und der Fernstraße 1. Es ist weder ausgeschildert noch rekonstruiert und für das unwissende Auge nichts weiter als ein Erdhügel, der durch seinen dichten Baumbewuchs aus der liebevoll bewirtschafteten Ackerlandschaft heraussticht (Abb. 28). Der Volksmund nennt ihn „Tonn“, was vom lateinischen Wort „tumulus“ (Grabhügel) abgeleitet ist. Unter dem aufgeschütteten Hügel befand sich einst eine acht-

Abb. 27 Der teilweise rekonstruierte Grabstein auf dem Potaschberg.

Abb. 28 Der Grabhügel bei Flaxweiler.

eckige, aus Sandsteinen errichtete Grabkammer, die durch einen Gang von außen betreten werden konnte. Die Steine dieser Kammer wurden geraubt und im Norden des Hügels ist nur noch eine große tiefe Kerbe zu erkennen, die an die Ausgrabungen im 19. Jh. erinnert. Denkt man sich die Bäume weg, kann man sich vielleicht vorstellen, wie auffällig der Hügel einmal in der Landschaft gestanden haben muss. Vielleicht war er sogar mit einer runden Steinmauer umfasst.
Solche Grabhügel (*tumuli*) gab es in der Antike praktisch überall. Oft enthielten sie keine steinerne Grabkammer, sondern waren bescheidener und bestanden nur aus Erde. Wer im Raum der Via Agrippa unterwegs ist, sollte die Landschaft genau beobachten und seinen Blick für mögliche Hügelgräber schärfen.

Der Grabtempel in Bech-Kleinmacher mit Blick auf die Villa Nennig

Hinter Remich, im kleinen Örtchen Bech-Kleinmacher, findet man in den Weinbergen ein weiteres Grabdenkmal, diesmal in Tempelform (siehe Cover). Es liegt, von Bech kommend, links auf dem Weinberg neben einem weitläufigen Einfamilienhaus. Das letzte Stück Weg ist nur für Nutzfahrzeuge gestattet, davon sollte man sich aber nicht abhalten lassen, denn man kann mit dem Auto direkt bis zum Grabmal fahren.
Der Grabtempel erinnert stark an das nicht weit entfernte Grutenhäuschen in Igel (siehe 12). Beim Bau dieser Grabmäler wurde die Hanglage für den

Bau zweier Etagen genutzt. Unten, zum großen Teil unter der Erde, befand sich die Grabkammer, die für gewöhnlich von vorne durch einen Schacht begangen werden konnte und mit weißen Kalkputz auf dem Fußboden und bunten Fresken an den Wänden ausgestattet war.
Die Grabkammer in Bech-Kleinmacher ist ungewöhnlicherweise durch einen langen überwölbten Gang von der Rückseite begehbar. Der Sarkophag steht heute noch im Innern der Grabkammer, ist aber leider nur von weitem durch ein Gitter zu betrachten. Über der Grabkammer befindet sich ein kleiner Grabtempel mit einem Säulenvorbau.
Eine reiche Winzerfamilie war es, die sich diesen Grabtempel im 4. Jh. hat bauen lassen. Darauf deutet zum einen die Lage mitten in den Weinbergen, ein weiteres Indiz ist der Gewichtsstein einer römischen Weinkelter, der unten im Dorfkern von Bech zwischen Kirche und Friedhof unter einem Schutzdach ausgestellt ist.
Da dieser Tempel vermutlich im 5. Jh. durch die Völkerwanderung zerstört wurde, ist sehr wenig von der ursprünglichen Ausstattung erhalten. Einen guten Trost dafür bietet aber die phänomenale Aussicht über das Moseltal. Bei gutem Wetter kann man die auf der anderen, deutschen Moselseite gelegene römische Villa Nennig sehen. Zu römischer Zeit stand dort eine weitläufige Villa, von der fast nur ein Mosaik übriggeblieben ist, das als das größte und schönste nördlich der Alpen gilt und das man heute besichtigen kann. Verschiedene Gladiatorenszenen sind in erstaunlicher Detailtreue und wunderbarer Qualität erhalten.
Interessanterweise liegt der Grabtempel genau auf der verlängerten Mittelachse der Villa. Ob sich die Gutsherren in diesem Grabtempel beerdigen ließen, ist ungewiss, zumal die Grundsteine der Villa auf eine frühe Zeit des römischen Imperiums schließen lassen, während der Grabtempel erst ca. 300 n. Chr. errichtet wurde. In der Zeit erlebte die Gegend nach den Germaneneinfällen (260–275 n. Chr.) einen neuen Aufschwung.
Außerdem gibt es ein weiteres Grab 500 m von der Villa entfernt, einen 44,5 m breiten und 10 m hohen *tumulus*, der vom Volksmund „Mahlknopf“ oder „Moknapp“ genannt wird. Sein gemauerter Sockel wurde von Archäologen z. T. freigelegt. Möglicherweise wurden die beiden Grabmäler in unterschiedlichen Jahrhunderten für die Besitzer derselben Villa errichtet.

Das Grabmonument in Remerschen

An der Hauptstraße, die direkt am linken Moselufer entlangführt, befindet sich auf der Höhe von Remerschen (Abb. 29) ein weiteres, teilweise rekonstruiertes römisches Grabdenkmal, ähnlich dem auf dem Potaschberg. Auch hier sind nur wenige Verzierungen eingearbeitet, u. a. ein Relief mit Weinreben, durch welche mythologische Figuren, darunter die Weingottheit Vitis, tanzen. U. a. weist dieses Relief darauf hin, dass das Monument, wie

auch die anderen Grabmäler in der Gegend, für einen reichen Winzer errichtet worden ist. Seinerzeit war das eindrucksvolle Grabmal 10 m hoch und die Vorderseite mit den Verzierungen war der Mosel zugewandt. Der recht unscheinbare Standort des Monuments ist dadurch zu erklären, dass es ursprünglich auf dem jetzigen Straßendamm stand und beim Straßenbau 5 m nach hinten versetzt wurde. Auch dieses Grabmal war also von der Mosel aus schon von weitem sichtbar.

Die zu dem Grabstein gehörende *villa rustica* wurde durch den Kiesbau (dessen Hinterlassenschaften zurzeit in ein Erholungsgebiet umgewandelt werden) vollständig zerstört. Der künstliche See, an dessen Stelle einst die Villa stand, fängt nur wenige Meter hinter dem Grabmal an und lädt, wenn auch nicht zu einer historischen Besichtigung, so doch zu einem erholsamen Spaziergang über idyllische Holzstege rund um den hoch mit Schilf bewachsenen Angelsee ein.

Abb. 29 Das Grabmonument in Remerschen.

Literatur:

Deru, X.: Die Römer an Maas und Mosel. Mainz 2010. 95ff.

Krier, J.: Der spätantike Grabbau bei Bech-Kleinmacher. In: Nord-, West- und Süddeutscher Verband für Altertumsforschung (Hrsg.): Der Kreis Merzig-Wadern und die Mosel zwischen Nennig und Metz. Führer zu archäologischen Denkmälern in Deutschland. Band 24. 237f.

Hatte das Wagenrad einen Riss oder brauchte einen neuen Beschlag? War das Hufeisen eines Zugpferdes verrutscht? Die Hose vom wochenlangen Tragen zerschlissen und die Schuhsohle gebrochen? An der Wegestation Ricciacus wurden all diese Probleme gelöst – gegen bare Münze, versteht sich.

15 DALHEIM – RICCIACUS: IHRE FACHHÄNDLER FÜR REISEBEDARF

LUXEMBURG Remich

Ein großes Problem für Fernreisende war die Instandhaltung und Reparatur von Wagen, Pferde- und Ochsengeschirren, Schuhen, Hufeisen und anderen Gegenständen, die durch die lange Reise Verschleiß erlitten. Diese Bedürfnisse der Reisenden machten sich Handwerker im römischen Ricciacus, südlich vom heutigen Dalheim, zunutze. Der *vicus* wurde im Zuge des Baus der Via Agrippa um 17 v. Chr. als Etappenort entlang der Fernstraße neu erbaut. Genau in der Mitte zwischen den Großstädten Divodurum (Metz) und Augusta Treverorum gelegen, war er für Reisende ein Verschnaufpunkt inmitten der ländlichen Provinz. Nach der Gründung siedelten sich immer mehr Handwerker hier an, bei denen man Lederwaren, Kleidung und Hufeisen erwerben konnte. Die große Nachfrage dieser Produkte führte zu einem immensen wirtschaftlichen Aufschwung in dem kleinen Ort, in dessen Zuge um das Jahr 70 n. Chr. umfangreiche Baumaßnahmen durchgeführt wurden. So wurde die vorher nur 5,50 m breite Straße auf ca. 12 m verbreitert und viele Holzgebäude wurden durch Steinbauten ersetzt. Nach und nach wurde die Siedlung mit öffentlichen Gebäuden wie einem Theater, Thermen und Tempeln ausgestattet. Um diese Vorhaben zu realisieren, musste man das Spektrum des ansässigen Handwerks vergrößern, also siedelten sich auch Maurer, Schreiner und Steinmetze in Ricciacus an. Der Ort war bald nicht mehr nur ein wirtschaftliches, sondern auch ein kulturelles und religiöses Zentrum der Region und Reisende konnten hier alle Annehmlichkeiten genießen.
Zwischen dem 3. und dem 4. Jh. war Ricciacus mehrfach den Germaneneinfällen und somit einer wiederholten Zerstörung des Ortes ausgesetzt. Ein Zeugnis für den (kulturellen) Niedergang des Ortes ist der Umstand, dass die Steine der oberen Sitzreihen des Theaters, das von den Germanen im 3. Jh. zerstört worden war, bereits zu konstantinischer Zeit als Steinbruch für einen Wachposten weiter oben an der Straße benutzt wurden.

Schon seit dem 17. Jh. wurden die Ruinen wissenschaftlich erforscht. Der Fund von 24.000 Goldmünzen aus konstantinischer Zeit (4. Jh.) erregte

Abb. 30 Das Wohnviertel des *vicus* Ricciacus.

1842 großes Aufsehen und trieb die Untersuchungen, aber auch räuberische Vorhaben weiter voran, durch die z. T. wertvolle Funde und somit auch Informationen über die Siedlung verloren gegangen sind. Aufgrund mehrerer in den Ruinen gefundener Blei-*tesserae* (*tesserae*: kleine Steinchen oder Plättchen, die u. a. für den Bau von Mosaiken verwendet wurden) mit den Inschriften RICCIAC und RICC und einer ähnlichen Steininschrift in den Thermen konnte man den Ort mit dem auf der Tabula Peuteringeriana verzeichneten Ort Ricciaco zwischen Trier und Metz identifizieren (Abb. 30).

Heute ist von dem einst so prosperierenden Ort nicht mehr allzu viel zu sehen. Am imposantesten ist sicherlich das Theater, das in einer idyllischen Lage, heute zwischen alten Bauernhäusern, in den Hang gebaut ist. Die unteren Sitzreihen sind gut erhalten; dass das Theater einst Platz für 3.500 Personen bot, lässt sich durch die ausgewölbte Form der darüber liegenden Wiese nur erahnen. Dort fehlen die Sitze vollständig. Die Ausmaße des Theaters sind auch deshalb zunächst schwer abzuschätzen, weil ein steiler Kopfsteinpflasterweg praktisch mitten durch das Theater hindurchführt. Vom Parkplatz kommend, sieht man auf der rechten Seite den großen, mit einem provisorischen Dach und einem Baustellenzaun versehenen Teil. Der Zutritt ist zurzeit verboten. Auf der linken Seite befinden sich freiliegende Reste im Gras, die der Fantasie freien Lauf lassen, weiß

Abb. 31 Römische Säulenteile am Rande der Ausgabrung von Ricciacus.

man nicht, dass es sich um die westliche Ecke des Theaters handelt. In der halbrunden Öffnung standen wahrscheinlich früher Götterstatuen.
Der luxemburgische Staat möchte das Theater in Zukunft mit einem höheren Dach ausstatten und für Besucher zugänglich machen.

Der zweite sichtbare Teil der Ausgrabungen befindet sich auf der anderen Seite des Parkplatzes, unauffällig hinter einem Maschendrahtzaun an einen Acker angrenzend. Hier liegt das in den 70er Jahren freigelegte Wohnviertel von Ricciacus, das dringend eine Auffrischung braucht. Zu erkennen sind Mauerreste und sogar Treppen, die einst in Vorratskeller führten, daneben mehrere Zisternen und Brunnen. Die dazugehörigen Informationstafeln sind bis zur Unkenntlichkeit ausgewaschen, das Gras steht hoch und überwuchert die Mauerreste und in der hinteren Ecke des eingezäunten Geländes haben die Archäologen achtlos Säulenreste (Abb. 31). deponiert. Für ein Sommerpicknick ist das Gelände allerdings hervorragend geeignet, da neue Bänke zum Verweilen einladen und die im Gras versteckten Fundamente gerade für Kinder viel Raum zum (ungefährlichen) Klettern und Entdecken bieten.

Nach einer knappen Woche Marsch von Augusta Treverorum erreichte man hier die nächste große Stadt, die über mehrere Thermen und ein Amphitheater verfügte, welches dasjenige in Trier weit in den Schatten stellte. Die wenigen Spuren dieses Wohlstandes entdeckt man in dieser quirligen Stadt mit typisch französischem Flair erst auf den zweiten Blick.

16 METZ – DIVODURUM MEDIOMATRICORUM: BADEN UND BETEN IM GOLDENEN HOF

FRANKREICH Grand Est

In Metz gibt es heute zwei sehenswerte Orte, die an das städtische Leben im römischen Divodurum Mediomatricorum erinnern, obwohl das als Götterburg (lat. *divus* = göttlich, *durus* = hart, ungefügig) bezeichnete *oppidum* des Keltenstammes der Mediomatriker in den ersten beiden Jahrhunderten n. Chr. zu einer der größten Städte Galliens heranwuchs und größer als Lutetia (Paris) gewesen sein soll.

Der nördlichste Punkt der antiken Stadt lag in der Nähe des *Musée de la Cour d'Or* („Museum des goldenen Hofes"), in dem sich heute u. a. das archäologische Museum befindet (Abb. 32). Das große Speichergebäude stammt aus dem 14. Jh. und ist eines der ältesten Gebäude der Stadt.

In seiner untersten Etage sind die Reste einer römischen Thermenanlage erhalten, die in die Ausstellung integriert sind. Wahrscheinlich bot diese öffentliche Anlage dem antiken Besucher, ähnlich wie in Augusta Treverorum die Barbarathermen, gleich nach dem Betreten der Stadt die Möglichkeit sich zu säubern und zu erfrischen oder zumindest auszutreten, denn für gewöhnlich waren öffentliche Latrinen Teil einer solchen Thermenanlage.

Darüber hinaus erwartet den Besucher ein überraschend großes und liebevoll gestaltetes Museum mit wunderbaren archäologischen Ausstellungsstücken aus der Region. Eines der beeindruckendsten Stücke ist ein großer, exzellent erhaltener Schrein aus einem Mithräum, gefunden im benachbarten Sarrebourg. Die typische Szene mit Mithras, der auf einem Stier sitzt und diesen mit einem Messerstich in den Hals tötet, ist in einem guten Zustand, ebenso wie ein übergroßes Portrait seines Kopfes, das sich wahrscheinlich über dem Schrein befand, die Nebenfiguren und die Urne, in der das Stierblut (vermutlich in Form von Rotwein) gesammelt wurde. Der Mithraskult war ein heidnischer Kult aus dem Orient, der uns seit dem 1. Jh. n. Chr. im Römischen Reich bekannt ist. Da es sich um einen Geheimkult handelt, wissen wir recht wenig darüber. Er war jedoch bei Legionären sehr beliebt, die ihn mit in die Provinzen nahmen. Deshalb findet

Abb. 32 Metz, Erdgeschoss des ehemaligen Getreidespeichers, heute *Musée de la Cour d'Or.*

man Spuren des Kultes, vor allem in Form der unterirdischen Mithrastempel, der Mithräen, in allen von den Römern besiedelten Teilen Europas, so auch im heutigen Frankreich. Mit der Tötung des Stieres wurden seine fruchtbringenden Lebenssäfte, das Blut und das Sperma, freigesetzt, mit denen die Welt erneuert wird. So erkennt man auf dem Relief z. B. einen Skorpion, der dem Stier an den Hoden hängt und ihm sein Sperma „abzapft".

Ein anderes großartiges Ausstellungsstück ist die Bemaschranke aus der Kirche *Saint-Pierre-aux-Nonnains.* Diese Kirche mit ihren römischen Mauern bildet neben dem Museum die zweite antike Sehenswürdigkeit der Stadt. Eine Bemaschranke bestand meist, wie hier, aus Steinquadern und wurde um den Chor der Kirche errichtet, um den heiligen Bezirk von den gemeinen Leuten zu trennen, ähnlich wie in den heidnischen Tempeln.

Beim Stöbern durch das Labyrinth des Museums sollte man besonders als deutscher, von großzügigen Öffnungszeiten verwöhnter Besucher beim Rundgang auf die Uhr achten. Eine Viertelstunde vor der Mittagspause wird man bereits mit einem höflichen, aber bestimmten „Bon appétit" hinauskomplimentiert, geheime Türen werden geöffnet, um Abkürzungen zu ermöglichen. Die Mittagspause ist den Franzosen heilig, da wird keine Rücksicht auf wissbegierige Touristen genommen.

Diese Zeit kann man jedoch wunderbar nutzen, um auf dem antiken Cardo Maximus, der heutigen *Rue Serpenoise* Richtung Süden zu flanieren. In

Abb. 33 Metz, Die Kirche *Saint-Pierre-aux-Nonnains.*

den belebten Gässchen mit den sandsteinfarbenen, alten Häusern, der langsam dahinfließenden Mosel und der pompösen Kathedrale fühlt man sich direkt in das französische Leben hineinkatapultiert, und das nur eine Stunde von der deutschen Grenze entfernt.

Nicht lange dauert der Weg zu Fuß, bis man die bereits erwähnte Kirche *Saint-Pierre-aux-Nonnains* erreicht. Ihr Baukörper geht auf das Ende des 4. Jhs. zurück, weshalb sie als das älteste erhaltene Kirchengebäude in Frankreich gilt. Dabei war es gar nicht von Anfang an eine Kirche, die ursprüngliche Funktion des Gebäudes ist nicht vollständig geklärt. Thermenreste im Innern weisen darauf hin, dass es Teil eines Badekomplexes gewesen sein muss, vielleicht eine *palaestra*, in der Leibesübungen gemacht wurden. Eine zweite Badeanlage wäre für eine römische Großstadt wie Divodurum auf jeden Fall angemessen gewesen.

Das Gebäude befand sich einst in der südwestlichen Ecke der römischen Stadt. Heute überquert man den *Place de la République* und steigt die breite Treppe neben der Kunstakademie hoch, bis man rechterhand ein hohes, unauffälliges Gebäude mit einfachem Mauerwerk sieht.

Die Fassade ist schlicht, da sie größtenteils aus römischem Mauerwerk aus dem 4. Jh. gefertigt ist, auffällig durch die typischen roten Backsteinbänder, die sich in je zwei Steinreihen in regelmäßigen Abständen durch das sandsteinfarbene Mauerwerk ziehen (*Opus mixtum*). Geht man um die Kirche herum, kann man die vielen verschiedenen Bauphasen und Veränderungen erkennen, denen es im Laufe der Jahrhunderte unterzogen wurde. Die längste Zeit, nämlich vom 7. bis zum 16. Jh., war das Gebäude Teil eines Benediktinerinnenklosters. An vielen Stellen ist das originale Mauerwerk zerstört und wieder aufgefüllt worden, an der Vorder- und Rückseite lässt die Mauerstruktur Bögen erkennen, die längst zugemauert sind. Der Bereich zwischen Kirche und Kunstakademie, ein Durchgang von ca. 3 m, muss früher einen Teil des Innenbereichs der Klostergebäude dargestellt haben. Das sieht man an verschiedenen Türrahmen, die mit Löchern und Einkerbungen für Türriegel versehen sind, welche heute nach außen zeigen.

Besonders im unteren Bereich weist das Mauerwerk außen einige Reste mittelalterlicher Bauverzierungen auf. Auf der Rückseite links neben dem Tor ist ein Templerkreuz in den Stein gemeißelt. Einige alte Mauerreste der Kirche sind nun in die umliegenden Gebäude integriert, sodass die Kirche nicht freistehend ist. Das Innere der Kirche ist leergeräumt und dient als Veranstaltungssaal für Konzerte oder Messen. Besonders schön ist das wiederhergestellte Dachgebälk aus Holz, das dem großen Raum eine warme Stimmung verleiht.

Ganz in der Nähe befand sich zu römischer Zeit das südliche Stadttor *Porta Scarponnae*, durch welches man Divodurum auf der Via Agrippa Richtung Scarponna verließ. Auf dessen Fundamenten steht seit 1852 die *Porte Serpenoise*. Überquert man von hier aus die Gleise, gelangt man zum Centre Pompidou, bei dessen Bau man die Reste des Amphitheaters gefunden hat (leider nicht sichtbar). Mit ca. 25.000 Plätzen war es das größte in ganz Gallien und muss von der Straße aus einen imposanten Eindruck gemacht haben.

Literatur:

Bromwich, J.: The Roman remains of northern and eastern France. A guidebook. London 2003. 294–302.

Teufelsbrücke wurde sie einst von den Einheimischen genannt, denn Folgendes erzählte man sich: Auf Wunsch eines Knaben, der zu seiner Geliebten am anderen Moselufer wollte und dafür seine Seele opferte, ließ Satan seine Teufel über Nacht diese Brücke bauen – nur wurden sie am Morgen von der Dorfbevölkerung in die Flucht geschlagen – seitdem steht dieses Bauwerk unvollendet an den Ufern der Mosel.

17 DIE AQUÄDUKTBRÜCKE ZWISCHEN ARS-SUR-MOSELLE UND JOUY-AUX-ARCHES – MIT 100 BÖGEN ÜBER DIE MOSEL

FRANKREICH Grand Est

In der Flucht des ehemaligen Cardo verlässt die Straße D5 auf der Trasse der Via Agrippa Metz nach Süden. Der Weg führte also hier nicht direkt am Moselufer entlang, was dem antiken Reisenden den Blick auf die große Aquäduktbrücke verwehrte, die sich ca. 5 km entfernt über die Mosel spannte. Heute geben die beiden auf je gegenüberliegenden Seiten der Mosel gelegenen Orte Ars-sur-Moselle und Jouy-aux-Arches bereits in ihren Namen Hinweise auf dieses römische Relikt, das sie einst miteinander verband.

Diese Aquäduktbrücke war ein beachtlicher Bau, da sie die hier sehr breite Mosel und die darin befindliche Insel auf einer Länge von 1.100 m mit mehr als 100 Bögen überspannte, dabei war sie über der Mosel ca. 30 m hoch. Die Brücke war Teil der 22 km langen Wasserleitung, die in Gorze entsprang und Divodurum mit Wasser versorgte. Sie wurde wahrscheinlich in der ersten Hälfte des 2. Jhs. gebaut.

Auf der östlichen Seite in Jouy-aux-Arches ist ein längeres Stück des Aquädukts erhalten (Abb. 34), das charmant in den Ort eingefügt ist. So überspannt es die Durchgangsstraße, je eine Spur und ein Bürgersteig führen durch einen Bogen. Die vierstufigen, sich nach oben verjüngenden Bögen imponieren vor allem durch ihre Höhe, sie überragen sogar die angrenzenden Wohnhäuser. Auch folgt das Auge beim Betrachten klaren Linien und scharfen Kanten, dies ist der aufwendigen Restauration zu verdanken. Lange Zeit waren diese Bögen mit Wohnhäusern zugebaut, von denen die letzten erst nach dem Zweiten Weltkrieg abgerissen wurden.

Folgt man der *Rue du Bassin Romain* ein Stück den Berg hinauf, findet man das ausgegrabene Umlenkbecken. Hier wurde das von der Brücke kommende Wasser aufgefangen und weiter Richtung Metz geleitet. Bei der Betrachtung der ankommenden Wasserleitung stellt man fest, dass es sich um zwei parallel verlaufende Kanäle handelt. Das ist auch der Grund dafür, warum die Aquäduktbrücke so breit ist. Die doppelte Wasserführung hatte wahrscheinlich die Funktion, dass man die Kanäle leichter reinigen und reparieren konnte, da so jeweils nur ein Kanal geschlossen werden und die Wasserversorgung nach Divodurum nicht unterbrochen werden musste. Außerdem verringerte die Verteilung des Wassers auf zwei Kanäle den Druck der Wände und sorgte somit für eine höhere Stabilität der Brücke, was bei einer solch enormen Länge und Höhe sehr wichtig war.

Das Auffangbecken am Ende des doppelten Kanals ist kreisförmig und 1,60 m tief. Hier zirkulierte das ankommende Wasser, beruhigte sich und mitgekommener Dreck konnte sich am Boden absetzen und über einen kleinen Abfluss entsorgt werden. Gegenüber dem ankommenden Kanal liegt ein weiterer Zulauf einer kleineren Quelle. Im 90-Grad-Winkel floss das Wasser dann durch einen unterirdischen Kanal weiter Richtung Metz.

Auf der anderen Moselseite in Ars-sur-Moselle, neben einem kleinen Weinstock und inmitten einer Wiese mit Obstbäumen, befinden sich weitere, 2016 frisch restaurierte Bögen des Aquädukts. Sie sind nicht so zahlreich und gut erhalten wie die auf der anderen Seite, dafür ist auch das Verteilerbecken, welches deutlich größer ist als das Auffangbecken in Jouy, sichtbar – leider ist es auch nicht sehr gut erhalten. Man erkennt jedoch den zentralen Ausfluss der Leitung in einer halbrunden Einfassung, die sich u-förmig Richtung Tal öffnet. Das Zentrum der Anlage bildet ein rechteckiges, 4,45 x 3,20 m messendes Auffangbecken, an dessen Ende das Wasser in einem Doppelkanal zum Aquädukt geleitet wird. An der Nordseite geht ein Abflusskanal ab, der vor allem zur Wasserregulierung diente, was man an zwei vorgelagerten Steinquadern sehen kann. Diese weisen

Abb. 34 Der Aquädukt in Jouy-aux-Arches.

Abb. 35 Der Aquädukt in Jouy-aux-Arches.

Löcher auf, an denen Schieber zum Öffnen und Schließen des Schachtes angebracht waren.

Verschiedene Funde lassen darauf schließen, dass dieses Umleitungsbecken auch als Quellenheiligtum genutzt wurde, zu welcher Zeit, ist allerdings nicht klar.

Durch Erdrutsche wurde das Becken verschoben und befindet sich deshalb heute nicht mehr in einer Achse und auf derselben Höhe wie die Aquäduktbrücke. Solche Erdbewegungen sind möglicherweise auch die Ursache für das Nutzungsende und vielleicht der Zerstörung von Teilen des Aquädukts.

Folgt man der Richtung der aus dem Berg kommenden Wasserleitung, stößt man nach einigen Metern, wo das Gebüsch beginnt, auf Reste der Wasserleitung, die vom Berg herunterkam. Entlang eines Pfades kann man die Leitung mehrere 100 m lang verfolgen.

Literatur:

Bromwich, J.: The Roman remains of northern and eastern France. A guidebook. London 2003. 302f.

Eine Rastmöglichkeit und später auch Schutz fand man an dieser Wegestation, die man von Divodurum kommend über vier Brücken erreichte, welche hier die breite und mit morastigen Inseln durchzogene Mosel überspannten.

18 DIEULOUARD – SCARPONNA: DAS KASTELL DER VIER BRÜCKEN

FRANKREICH Grand Est

Das kleine Moseldorf Dieulouard war ab dem 1. Jh. eine der vielen Wegestationen entlang der Via Agrippa. Die Mosel war hier sehr breit, hatte mehrere Inseln und wurde z. T. kanalisiert. Ausgerechnet an dieser vergleichsweise ungünstigen Stelle gab es einen Moselübergang, der aus vier Brücken bestand. Wahrscheinlich wurde einiger Aufwand betrieben, um diese Konstruktionen zu bewachen und instand zu halten. Andererseits müssen die Brücken und der zerfurchte Fluss ein schöner Anblick gewesen sein, den wir heute leider nicht mehr genießen können. Nach den Barbareneinfällen wurde Scarponna im 4. Jh. zu einem Kastell ausgebaut (Abb. 36). Offenbar waren die Legionäre beim Bau in Eile, denn sie verwendeten u. a. alte Grabstelen anstelle von sachgerechten Steinquadern. Reisende und Anwohner dürften von dieser Technik zwiegespalten gewesen sein: Das schändliche Zerstören von Grabmälern auf der einen, die Aussicht auf eine befestigte Zufluchtsstätte auf der anderen Seite.

Der moderne Ort ist heute geprägt von den Resten der Nachfolge-Festung aus dem 16. Jh., die auf einem kleinen Plateau aus der Wohnbebauung des kleinen Ortes hervorragen. Das ehemalige Bischofsgebäude dieses Schlosses beherbergt heute das *Musée des Amis du Vieux Pays*. Davor erhebt sich ein hoher Mauer-Vorsprung, in dem sich zur Zeit der römischen Festung eine Münzprägerei befunden hat.

Die Museumsräume liegen in den restaurierten Räumen des Schlosses. In diesem historischen Ambiente wird einem die römische Geschichte des Ortes sehr persönlich und lebendig bei einer Führung erklärt. Unter den Ausstellungsstücken sind mehrere römische Steinquader, die aus der Mosel gefischt wurden. Sie sind die letzten Zeugen der vier Brücken Scarponnas, viele gehören zum Brückenfundament, so auch einige, im Schlamm erhalten gebliebene Holzpfosten. Ein großer Steinblock diente als Befestigung für Taue, erkennbar an dem großen Loch an der oberen Kante, das nur einen schmalen Steinsteg zum Festbinden übriglässt. Auch viele der Grabsteine, die wahrscheinlich für den Bau des Kastells, mit Sicherheit aber für den Bau einer mittelalterlichen Brücke verwendet wurden, sind ausgestellt. Darunter finden sich zahlreiche „Erinnerungshäuschen", eine

Abb. 36 Reste der alten Festung in der Wohnbebauung von Dieulouard.

besondere Form von Grabsteinen. Sie bestehen aus einem meist rechteckigen Fundament mit einer runden Nische in der Mitte für die Urne und einem steinernen Dach, das man darüber stellte. Das Dach hatte vorne eine Öffnung, durch die man mit den Toten kommunizieren konnte, z. B. indem man Geschriebenes oder Essbares hineinschob.

Verabschiedet wird man im Foyer des Museums von einem lebensgroßen Modell eines Soldaten, der einzigen wahren, jedoch nicht römischen Berühmtheit des Ortes. Jean Coulon stellt es dar, den Onkel Jeanne d'Arcs, der diese 1429 bei ihrem Feldzug nach Chinon begleitet haben soll. Er ist angeblich hier geboren und wird deshalb auch Jean de Dieulouard genannt.

Für innere und äußere Gebrechen war ein Kuraufenthalt im Heilbad Andesina genau das Richtige. Gut von der Via Agrippa zu erreichen und berühmt für sein heiliges heilendes Wasser, entstand hier ein regelrechter Pilgerort, in dem auch in großem Stil für Unterhaltung gesorgt wurde.

19 GRAND – ANDESINA: BAD UND SPIELE FÜR KRÄNKELNDE PILGER

FRANKREICH | Grand Est

Etwa einen Tagesmarsch östlich der Via Agrippa lag zu römischer Zeit die Stadt Andesina. Heute führt eine kleine Landstraße auf ca. 20 km vornehmlich durch Wälder in das 500-Seelen-Dorf Grand. Was hat die Römer dazu veranlasst, hier, soweit abseits der Zivilisation, eine Stadt zu bauen? Einen Hinweis liefert die Tabula Peutingeriana, auf der Andesina mit einem eigenen Symbol gekennzeichnet ist, das den gesamten Kartenabschnitt dominiert und somit auf die Bedeutung des Ortes hinweist. Zu sehen ist ein mit Mauern umfasstes Wasserbecken, ein Symbol für das Quellenheiligtum, das den Ursprung und die Bedeutung des Ortes begründete.
Tatsächlich befand sich im heutigen Zentrum des Ortes eine Karstquelle. Die Besonderheit dieser Quellen besteht darin, dass zumeist eine große Menge Wasser aus dem Felsen hervorquillt, sich in einem kleinen See staut und dann unterirdisch weiterfließt. Ein weiteres Merkmal ist, dass der Wasserstand sehr wetterabhängig ist und die Quelle somit unregelmäßig Wasser führt. Diese geologischen Besonderheiten regen zu Geschichten und Mythen an und prädestinieren einen solchen Ort als heilige Stätte.
So huldigten schon die keltischen Stämme an diesem Ort ihrem Heilgott Grannus, der möglicherweise auch der Namensgeber für den modernen Namen des Ortes, „Grand“, ist. Im 1. Jh. n. Chr. erbauten die Römer um den Quellteich ein Heiligtum, wobei sie den keltischen mit ihrem eigenen Heilgott, Apollo, kombinierten, woraus der Hybrid-Gott Apollo Grannus entstand. Der auffällig runde Grundriss Grands erinnert an die Grenze des heiligen Bezirkes, die im späten 1. und 2. Jh. mit einer Steinmauer befestigt wurde.

Rundgang

Dort, wo sich einst der Quellteich befunden hat (die Quelle ist offenbar versiegt), steht heute die Dorfkirche. Vermutlich genau wegen dieses instabilen Standortes droht die Kirche heute einzustürzen und kann nicht betreten werden. Ebenso unsichtbar wie der Quellteich sind heute die zahl-

Abb. 37 Das Amphitheater von Grand.

reichen unterirdischen „Gallerien“, die von den Römern in bis zu 12 m Tiefe gebaut wurden, um das Quellwasser z. B. in die Thermen und Villen abzuleiten. Das Tunnelsystem hat eine Gesamtlänge von über 10 km und mehr als 300 Brunnen und Einstiegslöcher.

Ganz in der Nähe des Heiligtums, heute unweit des Dorfplatzes, befand sich zu römischer Zeit eine große Basilika, von der neben Mauerresten vor allem ein 232 qm großes Mosaik erhalten ist. Zur Erhaltung wurde um das Mosaik herum ein dem Grundriss der Basilika entsprechender Überbau mit einem kleinen Museum gebaut, der es durch das luftige Holzgewölbe und den erhöhten Umgang imposant wirken lässt. Leider ist von dem interessantesten Abschnitt im Zentrum des Mosaiks, der eine Theaterszene darstellt, nur ein kleiner Bruchteil erhalten.

Am anderen Ende des kleinen Ortes wurde in den 60er-Jahren ein für 17.000 Zuschauer ausgelegtes Amphitheater ausgegraben (Abb. 37). Seine Größe ist der Beweis dafür, dass Andesina schon im 1. Jh. nach Chr. ein gut besuchter Pilgerort gewesen sein muss. Bemerkenswert ist die Architektur des Theaters, welches, das natürlich geneigte Areal ausnutzend, in den Hang gebaut wurde. Und nur an diesem Hang befinden sich die Besuchertribünen, obwohl die Arena ein ganzes Oval bildet. Auf der „Talseite“ lagen kleine Gebetsräume und darüber Ehrentribünen für besondere Gäste. Das Theater wurde bis 1995 auf besondere Weise rekonstruiert (Abb. 38). Die linke Seite des Baus wurde in seinem Originalzustand belassen, sprich

Abb. 38 Rekonstruierter Eingang in die Arena des Amphitheaters von Grand.

so, wie es als Ruine vor den Ausgrabungen dalag, als großer gebogener Erdwall. Die rechte Seite hingegen wurde mithilfe einer Holzkonstruktion nachgebaut, die gleichzeitig die antiken Steine darunter schützt. Der somit entstehende Kontrast zwischen Verfall und Wiederaufbau hat seinen ganz eigenen Charme und lässt darüber hinwegsehen, dass der Steinraub im Laufe der Jahrhunderte nicht viel von der Bausubstanz des Theaters übriggelassen hat. Nur an der Westseite sind noch zwei einzelne, ziemlich angeschlagene Arkadenbögen übrig, die eine vage Vorstellung von der einstigen Pracht der Fassade geben. Dem Theater vorgelagert ist ein kleines Museum, in dem vor allem die Ausgrabungsarbeiten dokumentiert sind.

Von hier aus kann man auch einen archäologischen Stadtrundgang starten, auf dem man über verschiedene unsichtbare und sichtbare Reste der antiken Stadt informiert wird, wie z. B. einen winzigen Rest der antiken Stadtmauer. An dieser Stelle ist auch ein hübscher Rastbereich zu finden, der sich für ein Picknick anbietet.

Literatur:

Bromwich, J.: The Roman remains of northern and eastern France. A guidebook. London 2003. 281–288.

Ein einsames zugemauertes Stadttor als letzter Zeuge einer römischen Kleinstadt inmitten einer mittelalterlichen Verteidigungsmauer – dieses Tor steht für das Rätsel um das vergessene Andemantunnum, wo einst Caesars engste keltische Verbündete zu Hause waren.

20 LANGRES – ANDEMANTUNNUM: BEI CAESARS FREUNDEN DIE SCHÖNE AUSSICHT GENIESSEN

FRANKREICH — Grand Est

Langres ist heute geprägt durch seine erhöhte Lage und seine umfassende, in den Hang integrierte Stadtmauer, die mit 3,5 km Länge und zahlreichen Türmen und Toren die längste in Europa sein soll. Von ihren Zinnen hat man einen fabelhaften Blick über das Tal der Marne bis zu den Vogesen und an klaren Tagen sogar bis zu den Berneser Alpen. Diesen Ausblick werden auch römische Reisende genossen haben, nachdem sie den mühsamen Aufstieg zu dem Plateau geschafft hatten, auf dem damals Andemantunnum lag, die Hauptstadt des keltischen Stammes der Lingonen, die über lange Zeit mit Caesar verbündet waren und ihm bei der Eroberung Galliens geholfen haben sollen.
Die Spuren jener Zeit sind leider bis auf ein römisches Stadttor (Abb. 39) vollständig verschwunden. Das liegt zum einen daran, dass Andemantunnum zweimal Opfer von Zerstörung und Plünderung wurde, einmal am Anfang des 5. Jhs. durch die Vandalen, dann noch einmal im 8. Jh. durch die Sarazenen. Zudem gewann Langres ab dem 9. Jh. zunehmend Ansehen als Bischofssitz und hatte seine Blüte im 14. und 15. Jh. Aus dieser Zeit stammt auch ein Großteil der heute noch erhaltenen Festungsanlage und der bürgerlichen und sakralen Bausubstanz.
Über die antike Topographie der Stadt hingegen ist wenig bekannt. Es hat nur eine große Ausgrabung zwischen den 1960er und 1980er Jahren gegeben, aus der man eine schnelle Entwicklung der Stadt im 1. Jh. n. Chr. schloss. Man legte breite Straßen und große Steinstrukturen frei, aber keine öffentlichen Gebäude wie ein Theater, Forum oder Thermen. Der Cardo Maximus folgte dem Verlauf der heutigen *Rue Diderot*. Dies ist gleichzeitig die Via Agrippa, die hier quer durch die Stadt verlief. Der Decumanus Maximus begann am westlichen Haupteingang der Stadt, dem heute noch erhaltenen römischen Tor und damit ältesten Bauwerk der Stadt.
Das Tor mit den zwei zugemauerten Bögen wurde etwa 20 v. Chr. wahrscheinlich als Ehrenbogen (siehe 34, S. 125) erbaut. Bemerkenswert an der Fassade sind die fünf Pilaster mit korinthischen Kapitellen, die schon ziemlich verwittert sind. Von einer bildlichen Verzierung sind nur noch

Abb. 39 Das römische Stadttor von Langres.

Umrisse auf der linken und rechten Seite des Architraven erkennbar, diese stellen verschiedene Sorten von Schilden dar, ein wenig ähnlich der Darstellung auf dem Ehrenbogen von Orange, nur dass hier nicht mehr so viel zu erkennen ist.

Im 3. Jh. wurde der Bogen als Tor in eine neu erbaute Stadtmauer integriert und in eine Wachstation umgewandelt. Dass die heutige Mauer jenem Verlauf nicht mehr entspricht, wird daran deutlich, dass das Tor schräg zu ihr steht und dass das Bodenniveau der Stadt dahinter heute viel höher liegt als das Tor selbst. Einige kaputte Stellen auf der linken Seite des Tores sowie eine Einkerbung, die sich vom linken Bogen durch die Pilaster bis zum linken Rand des Tores zieht, weisen heute noch darauf hin, dass an dieser Seite bis ins 19. Jh. ein Wohnhaus an das Tor herangebaut war.

Einige römische Fundstücke wie Alltagsgegenstände, Statuen und Mosaike kann man im Museum der Stadt besichtigen.

Literatur:

Bromwich, J.: The Roman remains of northern and eastern France. A guidebook. London 2003. 289–291.

Im Laufe der Jahrhunderte wurde dieses Heiligtum von Einheimischen und Fremden besucht, keltische Fruchtbarkeitsgötter hatten hier ebenso wie der orientalische und im Geheimen verehrte Mithras ihr Zuhause. Der ein oder andere Tempelgänger mag sich bei den Göttern für ein katerfreies Erwachen bedankt haben – heute zumindest werden hier einige der edelsten Weine Frankreichs angebaut.

21 NUITS-SAINT-GEORGES – LES BOLARDS: EIN RELIGIÖSES ZENTRUM ZWISCHEN WEINHÄNGEN

FRANKREICH Bourgogne-Franche-Comté

Die Tabula Peutingeriana verzeichnet zwischen Filena (Til-Châtel) und Cabillione (Chalon-sur-Saône) den Ort Vidubia auf der Via Agrippa. Bis heute ist man sich nicht sicher, ob sich dieser Ort auf dem Gebiet des heutigen Nuits-Saint-Georges oder im benachbarten Saint-Bernard befunden hat. In Saint-Bernard konnten nicht oberflächlich sichtbare Fundamente und der Verlauf einer Straße nachgewiesen werden, die römische Ausgrabung in Nuits-Saint-Georges hingegen befindet sich etwa 4 km südwestlich davon. Hier jedoch, am Feldweg, der von der Kreuzung D35/ *Rue Paul Paqueriaud* nach Süden abgeht, gibt es wenigstens etwas zu sehen. Zwei „Les Bolards“ genannte Ausgrabungsareale zu beiden Seiten des Weges laden zum Herumstreunen ein, wobei das auf der westlichen Seite sicherlich das interessantere ist. Hier ist zentral der u-förmige Grundriss eines großen gallo-römischen Heiligtums in verschiedenen Bauphasen zu sehen. An der Stelle eines keltischen Heiligtums, das mindestens bis ins 1. Jh. v. Chr. datiert werden kann, wurde zu augusteischer Zeit ein neuer Tempel gesetzt, der im späten 1. Jh. großzügig erweitert wurde. Diesen rechteckigen heiligen Bereich erkennt man gut im Zentrum des Geländes an seinen dicken Mauern, die darauf hinweisen, dass diese *cella* als Turm gebaut war. Um diesen herum war ein überdachter Säulenumgang nach gallischem Vorbild gebaut, ähnlich wie in Tawern. Die u-förmige Außenmauer des Bezirks war vermutlich früher ein Säulenumgang, über den die Höfe hinter und vor dem Tempel erschlossen werden konnten. Im Norden an den u-förmigen Bereich angrenzend, befindet sich der tiefer gelegene Umriss eines kleinen Gebäudes, das als Mithras-Tempel identifiziert wurde. Ein Beweis dafür, dass nicht nur Einheimische, sondern auch römische Soldaten diesen Ort als Kultplatz nutzten (siehe 16).

Auf der anderen Straßenseite befindet sich die recht ungepflegte Ausgrabung des Wohnviertels.

Ein Modell des Heiligtums sowie verschiedene Fundstücke aus der Grabung wie z. B. der Kopf einer knapp 3 m großen Männerstatue, die wahrschein-

Abb. 40 Im Gewölbe des archäologischen Museums von Nuits-Saint-Georges.

lich im Tempel aufgestellt war, findet man im archäologischen Museum von Nuits-Saints-Georges (Abb. 40). Weitere hier ausgestellte Gottheiten vom Tempelgelände weisen darauf hin, dass in Les Bolards verschiedene gallische und römische Götter verehrt wurden. Neben dem vielleicht Jupiter-Serapis (der höchste Gott) oder Äskulap (griechischer Gott der Medizin) darstellenden Kopf ist noch die Stele dreier fruchtbringender einheimischer Gottheiten zu sehen, die mit verschiedenen symbolischen Gegenständen wie einem Füllhorn, einer Opferschale, Früchten und mehreren Tieren abgebildet sind.

Ein Besuch empfiehlt sich unbedingt, wenn man die kargen Überreste des Heiligtums zum Leben erwecken will, überdies ist das kleine, nur aus einem Saal bestehende Museum durch seine Lage in einem alten Gewölbekeller sehr charmant.

Auch empfehlenswert ist der Besuch des *Château du Clos de Vougeot* in den benachbarten Weinfeldern, in dem sich regelmäßig die Bruderschaft der Weinverkoster (Chevaliers du Tastevin) versammelt. Man kann einen Bereich des Schlosses besichtigen, aber Vorsicht: Mitglieder der Bruderschaft können nur altgediente Winzer oder reiche Prominente werden – auf Einladung!

Literatur:

Bromwich, J.: The Roman remains of northern and eastern France. A guidebook. London 2003. 223–226.

EXKURS: RUND UM CAESARS GALLISCHEN KRIEG (22, 23, 24)

In der Region Bourgogne-Franche-Comté passiert die Via Agrippa die Gegend, in der das Schicksal Galliens von Iulius Caesar besiegelt wurde. Drei Orte erinnern an den berühmten Gallischen Krieg und an seine Folgen für die einheimische Bevölkerung. Sie alle liegen in den dicht bewaldeten Hügeln in und um den Naturpark Morvan westlich der großen Weinanbaugebiete. Diese zauberhafte Landschaft kann man sich fast unmöglich als Kriegsschauplatz vorstellen – eher als Heimat von Waldelfen und Nebelgeistern.

Dieser umfassende archäologische Park lässt die vielen zähen Seiten von Caesars Pflichtlektüre zum Leben erwachen. Von umfassenden, multimedial aufbereiteten Informationen rund um die berühmteste Schlacht des Gallischen Krieges über nachgebaute Verteidigungsringe im Originalmaßstab bis hin zu den begehbaren Ruinen der antiken Stadt ist für kleine und große Römerfans alles dabei. Asterix kann das bestätigen.

22 ALESIA – DER GALLISCHE KRIEG ZUM ANFASSEN

FRANKREICH Bourgogne-Franche-Comté

Fast jeder Lateinschüler hat wohl seine ganz persönliche Schlacht mit dem Gallischen Krieg von Iulius Caesar ausgefochten. Hätte man als Schüler den neuen *MuséoParc Alésia* besucht, so wäre man mit Begeisterung in diesen Kampf gezogen und er wäre auch viel leichter gefallen. Alesia ist einer der wichtigsten Schauplätze des Gallischen Krieges, an dem Caesar im Jahre 52 v. Chr. den von Vercingetorix geführten Aufstand der gallischen Stämme niederschlug und somit endgültig seine Vorherrschaft in Gallien besiegelte.
Unweit des Plateaus, auf dem sich die antike Stadt befand, wurde in den letzten Jahren einer der modernsten und größten archäologischen Parks in Frankreich errichtet, für dessen Besuch man einen Tag einplanen sollte. Er besteht aus einem Rundbau mit drei Etagen, der durch ein umliegendes Freigelände mit Rekonstruktionen der Belagerung (Abb. 41) und regelmäßigen Vorführungen ergänzt wird. Hat man sich hier ausführlich informiert und in der Cafeteria gesättigt, kann man zu Fuß oder mit dem Auto das ca. 2 km entfernte Plateau erklimmen, auf dem sich heute das Dorf Alise-Sainte-Reine befindet, das z. T. auf den Mauern der gallo-römischen Stadt erbaut wurde. Der Kern der antiken Stadt ist in einer Ausgrabung zu besichtigen.

Abb. 41 Alesia, die nachgebauten Verteidigungsanlagen der Römer.

Die Schlacht von Alesia

Caesar hatte im Jahr 58 v. Chr. mit der Eroberung Galliens begonnen und in wenigen Jahren die meisten gallischen Stämme unterworfen, wobei er unter ihnen nicht wenige Verbündete hatte. Im Jahr 52 v. Chr. jedoch vereinigte der Averner-Fürst Vercingetorix verschiedene gallische Stämme, um einen groß angelegten Aufstand gegen die römischen Besatzer zu unternehmen. Es folgten mehrere blutige Schlachtmanöver von beiden Seiten und der Ausgang des Aufstandes blieb zunächst offen. Schließlich flüchtete Vercingetorix nach einer großen Niederlage mit einem nach Angaben Caesars etwa 20.000 Mann starken Heer in die Hauptstadt der Mandubier, Alesia. Caesar folgte ihm und umzingelte die Stadt mit einer für die Römer typischen Belagerungstaktik. Dabei ließ er in kurzer Zeit eine umfangreiche Belagerungsanlage um die Stadt herum errichten. Kurz bevor der Ring geschlossen war, gelang einigen gallischen Reitern die Flucht – mit dem Auftrag, die umliegenden gallischen Stämme um Hilfe zu bitten. Diese mobilisierten ein Heer aus ca. 50.000 Männern, die Caesar bald selbst zum Belagerten machten. Dieser veranlasste daraufhin den Bau eines zweiten Ringes, diesmal nach außen gerichtet, sodass die Römer vor den gallischen Hilfstruppen geschützt waren.

Ein grausames Detail dieser Belagerung ist der Umstand, dass den Galliern in Alesia nach ca. 30 Tagen die Nahrung ausging und Vercingetorix alle Kampfunfähigen, das heißt Kranke, Kinder und Frauen hinaus schickte, weil er sie nicht mehr ernähren konnte. Caesar jedoch ließ die Hilflosen nicht passieren, sodass sie verhungerten. Sobald die gallischen Ersatzheere eintrafen, wurden

die Verteidigungsanlagen der Römer an mehreren Stellen durchbrochen und die tatsächliche Schlacht begann – an deren Ende Vercingetorix kapitulierte und Caesar als Sieger hervorging. Der gallische Heerführer wurde nach Rom verschleppt, wo er sechs Jahre in Gefangenschaft verbrachte, bis er nach Caesars Triumphzug in Rom im Jahr 46 v. Chr. getötet wurde.
Für den Verlauf der Schlacht gibt es nur eine Quelle – Caesars umfangreiche Kommentare zum Gallischen Krieg. Man ist sich heute einig, dass seine Darstellungen keineswegs einen sachlichen Bericht der Ereignisse, sondern eine strategische, rhetorisch ausgefeilte Rechtfertigung seiner Kriege in Gallien darstellen, die das Ziel hatten, den Senat in Rom von der Notwendigkeit und Großartigkeit seiner Kriegsgeschäfte in Gallien zu überzeugen. Dementsprechend neigte er zur Übertreibung, wenn es um die Darstellung des „Feindes" oder um die Größe gegnerischer Truppen ging. So auch in Alesia. Caesars Darstellung zufolge waren die Gallier den Römern an Männern weit überlegen, was heute durch Untersuchungen der römischen Verteidigungsanlagen jedoch angezweifelt wird. Diese immerhin sind authentisch, sie wurden schon im 19. Jh. unter Napoleon dem III., der sich sehr für die Ereignisse des Gallischen Krieges interessierte, entdeckt und erforscht.

Der archäologische Park

Als erste Station des Besuchs bietet sich die Dauerausstellung auf der ersten Etage des Museums an. Hier wird die Schlacht um Alesia in allen Details multimedial für Groß und Klein passend didaktisch aufbereitet. Dabei sind die einzelnen Abschnitte thematisch gegliedert.
Zentrales Element der Ausstellung ist der Verlauf der Schlacht von Alesia. Diese wird in einem Kinofilm, für den es einen eigenen Saal gibt, dargestellt. Dazu liefern Schautafeln einen genauen Überblick über die Abfolge der Ereignisse bei Alesia. Die römische und gallische Armee werden ausführlich verglichen – eine Freude für jeden Freund antiker Waffen. So weit, so erwartbar. Aber die Ausstellung bietet darüber hinaus noch viele weitere Einblicke. Es wird ein Überblick über die westliche Welt zur Zeit der Antike gegeben, die politischen Zustände in Rom vor Beginn des Gallischen Krieges werden dargestellt und auch Caesars Leben und Motivationen kommen nicht zu kurz. Das alles wirft einen viel umfassenderen Blick auf die Ereignisse. Entscheidungen und Ereignisse verharren nicht in der Rezipierbarkeit, sondern werden nachvollziehbar, vielleicht durchschaubar. Damit hebt sich die Ausstellung schon über viele andere hinaus. Aber es kommt noch besser. Die Darstellung der Rezeptionsgeschichte von Napoleon III., einem Bewunderer Caesars, bis heute gibt eine erhellende, manchmal augenzwinkernde, Darstellung der Mythisierung des Gallischen Krieges und seiner Hauptakteure, die die Ereignisse für das kollektive Narrativ des „Französischen" brauchbar macht. Wer hier an Hermann den Cherusker denkt, liegt

genau richtig. Es wäre aber auch nicht Frankreich, würde man nicht auch auf liebevolle, amüsante Art mit dieser Rezeption umgehen. Und so sind doch die eigentlichen Sieger ein kleiner schmächtiger Mann und ein Hinkelsteinlieferant aus einem kleinen unbeugsamen Dorf.

Steigt man anschließend aufs Dach, kann man nicht nur den Ausblick über die Außenrekonstruktionen des Museums und auf das Plateau, auf dem sich Alesia befand, genießen, sondern wird von den wichtigsten Protagonisten der *Asterix und Obelix*-Comics empfangen, allen voran eine römische Kohorte in Schildkrötenformation, aus der unter Quietschen und Ächzen ein Legionär heimlich seinen Kopf herausstreckt, um einen Blick auf die Gallier zu werfen. Der von oben sichtbare Außenbereich auf der Ebene kann über einen langen Holzsteg betreten werden. In Originalgröße wurden hier der innere Belagerungsring und der äußere Abwehrring der Römer nachgestellt, inklusive Wehrtürmen, Fallen und dem etwa 300 m breiten – hier auf ca. 100 m geschmälertem – Band dazwischen, in dem die Römer während der Belagerung ausharrten. Hier finden regelmäßig Vorführungen römischer und gallischer Kriegskunst statt, die vor allem für Kinder sehr unterhaltsam sind.

Nach diesem Feuerwerk der Museumskunst wirkt die Ausgrabungsstätte auf dem Plateau von Alise-Sainte-Reine zunächst enttäuschend, da größtenteils nur noch die Grundmauern der Gebäude erhalten sind. Die Ausgrabung enthält das öffentliche Zentrum des *oppidums*, welches nach der Niederlage Vercingetorix' weiter besiedelt und romanisiert wurde. Man erkennt direkt hinter dem Eingangshäuschen eine weite halbrunde Mauer, die letzten Überreste eines Theaters, das einst 5.000 Plätze hatte. Rechts dahinter schließt sich ein Komplex aus einem Tempel, wahrscheinlich Jupiter geweiht, einer Basilika und einem Forum an. Am besten ist der Grundriss der Basilika mit ihren drei Absiden zu erkennen, da dieser ein Stück aufgemauert und konserviert wurde. Dahinter schließen sich die schlecht erhaltenen Ruinen eines Wohn- und Handwerkerviertels an, in dem es Hinweise auf eine rege Bronzeherstellung zu römischer Zeit gibt. Das Handwerk scheint überhaupt eine treibende Kraft dieses Ortes gewesen zu sein, denn auf der Nordseite des Geländes steht ein verhältnismäßig gut erhaltenes Gebäude, das offenbar als Treffpunkt für die lokalen Metallhandwerker diente. Man erkennt es gleich an seinem modernen Schutzdach. Das Gebäude ist am Hang gebaut und hat drei Etagen, wovon die unterste eine in den Stein geschlagene Krypta enthielt, die man heute noch gut erkennen kann. Wahrscheinlich wurde hier zu den einheimischen Handwerks-Göttern Ucuetis und Bergusia gebetet. Dass das Gebäude zu drei Seiten von einem noch teilweise erkennbaren Säulengang flankiert wurde, bezeugt noch einmal, zusammen mit der zentralen Lage am Forum, den hohen Status des Gebäudes.

Zu guter Letzt sollte man Vercingetorix (Abb. 42) selbst besuchen, der am Ende der *Allée Felix Kir* an exponierter Stelle die Umgebung überblickt.

Abb. 42 Alise-Sainte-Reine, Statue des Vercingetorix.

Die übermächtige, mit Sockel fast 14 m hohe Bronzeskulptur zeigt den besiegten Vercingetorix mit langem Schnauzer und wehendem Haar. Sein Äußeres erinnert ein bisschen an die Comicfiguren um Asterix, aber auch, so munkelt man, an Napoleon den III. in jungen Jahren, der die Statue errichten ließ. Der französische Kaiser und Neffe Napoleon Bonapartes war ein großer Fan des Gallischen Krieges und berühmter Persönlichkeiten, deshalb initiierte er 1861 die Ausgrabungen auf dem Mont Auxois.

Literatur:

Bromwich, J.: The Roman remains of northern and eastern France. A guidebook. London 2003. 130–139.

Inmitten der unendlichen Wälder des Burgunds befindet sich, versteckt auf einer Bergkuppe gelegen, ein geheimnisvoller Ort, an dem Geschichte geschrieben wurde – im wahrsten Sinne des Wortes.

23 BIBRACTE – ZU GAST IN CAESARS SCHREIBSTUBE

FRANKREICH Bourgogne-Franche-Comté

Lange Zeit glaubte man, Bibracte, die legendäre Hauptstadt der Haeduer, in der Iulius Caesar überwinterte und seine Kommentare zum Gallischen Krieg verfasste, sei identisch mit der heutigen Ortschaft Autun. Der Schluss war naheliegend, da dort Spuren römischer Besiedlung wie ein Theater, mehrere Stadttore und ein Tempelrest eindeutig sichtbar sind. Erst der Heimatforscher Jacques Bulliot konnte durch intensive Ausgrabungen die Wissenschaft davon überzeugen, dass Bibracte sich auf dem ca. 20 km entfernten Mont Beuvray befunden hat. Unterstützt wurde er in seinen Forschungen von Napoleon dem III., der sich sehr für die Schlachten des Gallischen Krieges interessierte und Bulliot 1867 die Erlaubnis und die Mittel bewilligte, um auf dem Mont Beuvray auszugraben. 1895 übernahm Bulliots Neffe Joseph Déchelette die Ausgrabungen. Nachdem dieser im ersten Weltkrieg ums Leben gekommen war, lag die Ausgrabung viele Jahrzehnte lang brach, bis die Arbeiten 1984 wieder aufgenommen wurden. Auf dem Mont Beuvray kommen bis heute jedes Jahr Archäologenteams aus ganz Europa zusammen, um weitere Teile der antiken Stadt freizulegen und zu erforschen.

Die archäologische Arbeit ist schwierig, da handfeste Überreste der Stadt rar gesät sind. Zwar nahmen die Haeduer bald die römische Kultur und Bauweise an, jedoch waren ihre eigenen traditionellen Gebäude eher aus Holz und Erde gebaut, zwei flüchtige Baumaterialien. Beispielsweise wurde von der zentralen Basilika nur eine einzige Säulenbasis gefunden.

Geschichte

Der Stamm der Haeduer war, als Caesar auf den Plan trat, bereits mit den Römern verbündet. Sie baten Caesar sogar um Hilfe, als die Helvetier ihr Gebiet durchquerten und plünderten. In diesem Zusammenhang wird die Region um Bibracte bei Caesar als Schauplatz der Schlacht von 58 v. Chr. genannt, in der er die Helvetier besiegte und zurück in ihre Heimat – die heutige Schweiz – schickte. Als die gallischen Stämme sich wenige Jahre später zu einem letzten Aufstand gegen die römische Herrschaft zu-

sammentaten, fielen die Haeduer von Caesar ab. Die Stammesführer hielten Kriegsrat in Bibracte und machten dort Vergingetorix zu ihrem Heerführer. Nachdem Caesar diesen 52 v. Chr. bei Alesia geschlagen hatte, ließ er sich im darauffolgenden Winter 52/51 v. Chr. trotz des Verrats in Bibracte zum Überwintern nieder und schrieb seine berühmten Kommentare zum Gallischen Krieg.
Knappe 50 Jahre später wurde ca. 20 km entfernt im Tal eine neue Stadt mit römischer Infrastruktur zu Ehren des nun amtierenden Kaisers Augustus, Caesars Großneffen, gebaut. Die archäologischen Befunde zeigen, dass der Mont Beuvray daraufhin innerhalb von etwa 30 Jahren von seiner Bevölkerung verlassen wurde. Verschiedene Tempel, Brunnen und aristokratische Wohngebäude wurden weiterhin genutzt, was zeigt, dass die Abwanderung allmählich erfolgte. Ein Großteil der Bevölkerung wird nach Augustudunum gezogen sein, wo die Infrastruktur und die Verkehrsanbindung deutlich besser waren und man am gesellschaftlichen Leben der aufstrebenden Stadt teilhaben konnte. Warum die neue Stadt errichtet wurde, ist nicht ganz klar, aber vermutlich war die Oberfläche des Berges Mont Beuvray für das Errichten einer römischen Infrastruktur ungeeignet und man erbaute somit eine neue Stadt nach römischem Vorbild, um das alte Machtzentrum des gallischen Stammes zu schwächen. Immerhin stieg Augustodunum später zur *civitas Aeduorum*, zur Hauptstadt der Haeduer auf. Somit steckte in der von Bulliots Vorgängern geäußerten Vermutung über die Lage der Häduerhauptstadt doch ein Körnchen Wahrheit.

Rundgang

Mittlerweile beherbergt der romantisch in den bewaldeten Hügeln der Burgogne gelegene Berg einen weitläufigen archäologischen Park mit einem etwa zweistündigen Wanderparcours, der entlang der verschiedenen Grabungsareale bis auf die Spitze des Berges führt, wo man am Fuße des Denkmals für Jacques Bulliot einen herrlichen Blick über die umliegende Landschaft genießen kann.
Die erste Station der Wanderung ist die im dichten Buchenwald kaum zu erahnende Trasse einer Befestigungsmauer, die das *oppidum* mit einer Länge von 5,2 km vollständig umschloss. Die von Caesar als *murus Gallicus* benannte Bauweise der Mauer – ein gestaffeltes Übereinanderschichten von Holzstämmen, Sand und Steinen – ist einige 100 m den Berg hinauf bei der Rekonstruktion des Stadttores nachvollzogen worden. Vier Bauphasen wurden hier nachgewiesen, die Rekonstruktion orientiert sich an der Phase, in der das Tor seine größte Ausdehnung von 20 m erreicht hatte (ca. um 60 v. Chr.).
Man überquert nun einen weiten offenen Bereich und erspäht schon von weitem die eigenwillige Schutzkonstruktion (Abb. 43), die die Mauern des

Abb. 43 Moderne Schutzkonstruktion über dem monumentalen Zentrum von Bibracte.

sog. monumentalen Zentrums von Bibracte überspannt. Sie hat kein Fundament, sondern wird von großen schwarzen Gewichten gehalten und ist somit leicht wieder abzubauen. Die darunterliegenden Mauern sind schwer zu interpretieren, da nur eine einzige Säulenbasis einen Hinweis darauf gibt, dass sich hier eine Basilika mit zwei Höfen und einem angrenzenden Forum befunden haben könnte. Die Spuren eines Feuers regen zu weiteren Spekulationen an, da der öffentliche Bereich anschließend offenbar nicht wieder aufgebaut, sondern mit Räumen überbaut wurde, die an einen aristokratischen Wohnkomplex denken lassen. Vielleicht wurde dieser öffentliche Bereich nach dem Feuer zugunsten des neuen gesellschaftlichen Zentrums in Augustodunum aufgegeben. Fakt ist, dass dieser Bereich eine Romanisierung Bibractes mehrere Jahrzehnte vor dem Bau Augustodunums belegt.

Eine weitere Schicht von Mauern über den antiken Fundamenten zeugt von dem Franziskanerkloster, das von ca. 1400 bis ins späte 17. Jh. an dieser Stelle stand.

Der Pfad steigt nun weiter bergan, wieder durch den dunklen Buchenwald, und führt vorbei am *Parc des Chevaux*, der historischen Ausgrabungsstätte, wo Jacques Bulliot und sein Neffe mehrere aristokratische Wohnkomplexe freilegten. Die vordere Villa stellt ein weiteres Mysterium dar, denn man stellte im 20. Jh. fest, dass sie gebaut wurde, als die Abwanderung vom Mont Beuvray schon begonnen hatte, und nur wenige Jahrzehnte lang bewohnt war.

In der vorderen linken Ecke des Areals steht eine einfache, heute leere Hütte, das *Hôtel des Gaules*. Sie wurde von Bulliot als Unterkunft während der Ausgrabungen erbaut.

Hat man den Gipfel des Mont Beuvray erklommen und steigt auf der Rückseite des Berges wieder hinab zum Museum, kommt man an aktuellen Grabungsarealen vorbei. Die romantische Vorstellung archäologischer Detailarbeit wird dabei zunichte gemacht, denn gerodete, wüste Flächen lassen erkennen, dass, um an die Schätze der Vergangenheit im Boden zu gelangen, auch Landschaft kaputtgemacht werden muss.

Das moderne Museum am Fuße des Berges, das gleichzeitig Ausgangs- und Endpunkt der Erkundungstour ist, sollte man auf keinen Fall verpassen und am besten *nach* der Wanderung besichtigen, da nun die Motivation, in Ruhe durch die Ausstellung zu schlendern, größer sein dürfte als andersherum.

Besonders gelungen in der Ausstellung ist die multimediale Darstellung der Entwicklung Bibractes und anderer gallischer *oppida* im 1. Jh. v. Chr. Dazu wird auch das Leben in Bibracte dem Besucher über vielfältige multimediale Installationen und interessante Fundstücke nähergebracht.

Als abschließendes Erlebnis sollte man sich ein gallisches Menü im Restaurant „le Chaudron“ nicht entgehen lassen. Dies ist allerdings nur mit rechtzeitiger Voranmeldung im Museum möglich.

Literatur:

Bromwich, J.: The Roman remains of northern and eastern France. A guidebook. London 2003. 214–222.

Das romantisch gelegene Städtchen Autun hat viele Geschichten aus fernen Zeiten zu erzählen. Da ist die Ruine eines mysteriösen Tempels, dessen Publikum heute vor allem aus kräftigen Charolais-Rindern besteht. Oder ein ebenso rätselhaftes römisches Grabmal, das als sagenumwobene Pyramide die Wirren des Mittelalters und der Neuzeit überlebte.

24 AUTUN – AUGUSTODUNUM: EINE NEUE STADT FÜR EUCH, ABER NACH UNSEREN REGELN!

FRANKREICH | Bourgogne-Franche-Comté

Etwas abseits der Via Agrippa, malerisch am Rande des Naturreservates des Morvan gelegen, zieht Autun den Besucher mit seinem gelassenen und romantischen Charakter in den Bann. Wo heute einzelne römische Monumente wie beiläufig mit dem Stadtbild verschmelzen, soll sich im 1. Jh. n. Chr. das „Rom Galliens" befunden haben. Ca. 10. n. Chr. wurde hier kurz nach dem Ende des Gallischen Krieges eine neue Stadt nach römischem Vorbild gebaut – Augustodunum, benannt zu Ehren des Kaisers Augustus. Sie wurde ca. 25 km entfernt von der auf dem Mont Beuvray gelegenen Hauptstadt der Haeduer, Bibracte, gebaut, in der Caesar nach der berühmten Schlacht bei Alesia überwinterte und seine Kommentare zum Gallischen Krieg schrieb. Nach und nach zogen die Bewohner Bibractes nach Augustodunum, das wenig später zu ihrer neuen Hauptstadt wurde.

Bis heute hat sich die Größe der Stadt wenig verändert, sodass die römische Stadtmauer sehr lange ihre Funktion behalten konnte und in Teilen bis heute erhalten blieb. In die ursprünglich 6 km lange Mauer waren 54 Wehrtürme integriert, die nach innen hin rechteckig, nach außen halbrund waren, außerdem vier Stadttore, von denen heute noch drei in Teilen erhalten sind.

Der längste zusammenhängende Teil der Stadtmauer führt entlang des *Boulevard Mac Mahon*. Freilich sind im Laufe des Mittelalters durch Um- und Neuaufbauten die sichtbaren Teile der Stadtmauer stark verändert worden, aber trotzdem handelt es sich beim Grundriss sowie bei der Verteilung der Türme um die römische Anlage. Lediglich im nördlichen Teil – am besten zu sehen, wenn man den Boulevard von Süden, vom *Tour des Ursulines* bergab geht – befindet sich eine seltsame Ausbuchtung in dem sonst streng linearen Mauerstück. Denkt man sich diese Ausbuchtung weg, steht ein rechteckiger mittelalterlicher Turm direkt in der Flucht der geraden Mauer. Im Fundament dieses Gebäudes ist das westliche Stadttor, die *Porte Saint-Andoche*, verbaut. Offensichtlich wurde das Tor in seiner Funktion als Eingang zur Stadt irgendwann nicht mehr benötigt und als

Baufundament für ein anderes Gebäude verwendet, während man die Stadtmauer, in welche das Tor ursprünglich integriert war, um das neue Gebäude herumleitete. Leider befindet sich der Turm auf dem Gelände einer Privatschule und kann nicht besichtigt werden.

Zum Glück sind zwei der restlichen Stadttore besser erhalten und frei zugänglich. Das östliche Stadttor, die *Porte Saint-André,* befindet sich in der Mitte einer Kreuzung in einem nur für Fußgänger zugänglichen Bereich. Es ist durch viele Restaurierungsarbeiten während der letzten 200 Jahre sehr gut erhalten geblieben. Bemerkenswert sind die vier Durchgänge – zwei breite in der Mitte für Fuhrwerke, und je ein kleinerer am Rand daneben für Fußgänger, und die darüber liegende Arkadengalerie. Auf der rechten äußeren Seite ist ein Teil des Turms erhalten, der die Stadtmauer mit dem Tor verband. Im Mittelalter wurde er in eine dem heiligen André geweihte Kirche umgebaut – daher auch der Name des Tores. Wie man auf der Informationstafel sehen kann, „überwucherten" die äußeren Kapellen dieser Kirche den rechten Fußgängereingang des Tores bis ins 19. Jh., als der Architekt Viollet-le-Duc sie entfernte und das Monument größtenteils so wiederherstellte, wie es heute zu sehen ist.

Im Norden lässt die *Porte d'Arroux* auch nach 2000 Jahren noch Einwohner und Gäste in die Stadt, denn dieses Tor ist Teil der Straße und wird seiner antiken Funktion entsprechend in der Mitte von Fahrzeugen und am Rand von Fußgängern durchquert. Diese charmante Besonderheit entschädigt dafür, dass das Tor nicht mehr so vollständig erhalten ist wie die *Porte Saint-André.* Nur etwa zwei Drittel der äußeren Kollonadengalerie sind erhalten und der linke Fußgängerdurchgang ist mit einer neueren Mauer überbaut. Ein eigenartiges Detail findet man auf der Außenseite des mittleren Pfeilers. Tiefe Löcher und spitz nach oben zulaufende Einkerbungen zeugen von dem Anbau einer kleinen Kapelle im Mittelalter, die der Jungfrau *Notre Dame d'Arroux*, der Namensgeberin des Tores, geweiht und 1870 wieder zerstört wurde.

Von hier aus kann man einen ca. 15-minütigen ausgeschilderten Spaziergang zum sog. Janustempel (Abb. 44) unternehmen. Der Weg schlängelt sich an Bauernhöfen und saftigen Viehweiden entlang, auf denen gut genährte weiße Charolais-Rinder grasen. Das Fleisch dieser regionalen Rinderrasse ist eine Delikatesse und wird u. a. für das berühmte Gericht Bœuf Bourguignon verwendet. Jedes Jahr findet in Autun der concour d'Autun statt, ein Wettbewerb, bei dem die schönsten Charolais-Rinder der Region gekürt werden. Skurrilerweise stehen direkt neben einer solchen Rinderweide mitten auf der grünen Wiese die imposanten Reste eines gallo-römischen Tempels. Die beiden erhaltenen, aber stark beschädigten Mauern waren ursprünglich Teil einer 24 m hohen *cella* – des heiligen Bereiches eines Umgangstempels nach gallischer Art (*fanum*) – in römischer Bautechnik. Zahlreiche horizontal angeordnete Nischen zeugen vom Anbau eines

Abb. 44 Autun, „Janustempel".

Säulenumganges, der heute verschwunden ist. Durch mittlerweile ausgefranste Löcher in der Fassade ist erkennbar, dass das Gebäude früher einmal zwei Stockwerke hatte. Im oberen Geschoss gab es an jeder Seite drei Fenster, während im unteren Stockwerk weitaus größere Öffnungen von Eingangstüren zeugen. Welche dieser Öffnungen original sind, ist nicht eindeutig zu erkennen, da sie von kleineren, nun wieder zugemauerten Fensteröffnungen überlagert werden. Um der Vorstellungskraft auf die Sprünge zu helfen, sollte man sich die Rekonstruktionszeichnung auf der Informationstafel anschauen. Entgegen dem Namen „Janustempel", der auf einen Irrtum des Historikers Pierre de-Saint-Julien im 16. Jh. zurückgeht, weiß man bis heute nicht, welchem Gott dieser Tempel einst geweiht war.

Begibt man sich nun in den Südosten der Stadt, erblickt man gegenüber dem künstlich angelegten See Plan d'eau du Vallon die Überreste des wahrscheinlich größten antiken Theaters Galliens. Die einstige Größe des Theaters, das bis zu 20.000 Besucher gefasst haben soll, erschließt sich ob des schlechten Zustandes – gerade im Vergleich zu anderen Theatern, etwa in Lyon oder Orange – nicht direkt. Die teilweise erhaltenen Grundmauern

Abb. 45 Autun, römisches Theater mit Wärterhäuschen.

und Sitzreihen sind teilweise mit Gras überwachsen und können nach Belieben erkundet und beklettert werden. Ein skurriles Detail befindet sich rechts oberhalb des Theaters. Dort steht ein altes Wärterhäuschen (Abb. 45), das römische Grabplastiken und sogar Säulen zum Schmuck in die Fassade eingebaut hat und somit eine ganz private Hommage an das römische Autun darstellt.

Etwa 1 km südlich des Theaters liegt, schon von weitem sichtbar, auf dem Hügel am Rande des Ortes la *Pierre de Couhard*, die Pyramide von Autun. Es handelt sich um die Reste eines wahrscheinlich im 1. Jh. n. Chr. erbauten Grabmonuments, das Teil eines an der antiken Straße nach Lyon gelegenen Gräberfeldes war. Seine Ausmaße waren enorm. Es bestand aus einem 10,50 m hohen quadratischen Fundament, das von einer 22,6 m hohen Pyramide gekrönt war. Bis ins 16. Jh. sollen Reste einer Marmorfassade sichtbar gewesen sein. Das Loch in der Mitte zeugt von einer Grabung aus dem Jahr 1640, als man vergeblich versuchte, ins Innere der Pyramide zu gelangen. Spätere Grabungen blieben ebenfalls erfolglos. Das Fehlen einer Grabkammer lässt die Frage offen, ob es sich tatsächlich um ein Mausoleum oder um einen Kenotaphen – ein Scheingrab, das einen oder mehrere Tote ehrt, die an einer anderen Stelle begraben sind – handelt. Eine griechisch-römische Inschrift aus dem 2. Jh., die am Fundament gefunden wurde und übelwollende Flüche enthält, weist immerhin auf den funeralen Charakter des Monuments hin – es war in der Antike üblich, Mausoleen und Sarkophage durch Flüche vor Grabräubern zu schützen.

Literatur:

Bromwich, J.: The Roman remains of northern and eastern France. A guidebook. London 2003. 143–158.

Schon Caesar ließ sich von diesem wichtigen Handelshafen an der Saône mit Getreide versorgen. Doch auch heute werden in Chalon regionale Handelsgüter wie der berühmte Burgunderwein in Richtung Mittelmeer verschifft.

25 CHALON-SUR-SAÔNE – CABILLONUM: HAFENSTADT DER HÄDUER

FRANKREICH Bourgogne-Franche-Comté

Während Caesar sich nach seinem Sieg über Vercingetorix nach Bibracte zurückzog, schickte er seine beiden Legaten Publius Sulpicius und Quintus Tullius Cicero (der kleine Bruder des berühmten Marcus Tullius Cicero) in die nächstgrößten Orte an der Saône, nach Cabillonum und nach Matiscum (Mâcon), um sich dort um die Getreideversorgung zu kümmern (Bell. Gall. 7,90,7). Als der Haupthafen der mit Caesar verbündeten Häduer war Cabillonum, ca. 80 km vom geschützteren Bibracte entfernt, ein reger Handelsort, der sowohl über die große Fernstraße von Nord nach Süd, die spätere Via Agrippa, als auch durch die Saône eine direkte Verbindung nach Germanien und zum Mittelmeer hatte. Schon 52 v. Chr. hatte Caesar an diesem strategisch günstigen Ort eine Garnison anlegen lassen.

Dass der Ort auch in den folgenden Jahrhunderten eine wichtige Station und vermutlich ein wichtiger Handelsposten an der Via Agrippa war, zeigt die besondere Kennzeichnung mit einem Symbol auf der Tabula Peutingeriana (siehe Karte 1, S. 14).

Heute ist die belebte Altstadt mit ihren dicht gedrängten Fachwerkhäusern eher mittelalterlich geprägt und die einzigen erhaltenen römischen Relikte sind Teile des erst Anfang des 4. Jhs. errichteten Castrums, denn eine archäologische Erschließung des antiken Cabillonum gibt es bisher nicht. Im Jahr 449 wurde Chalon Bischofssitz und ein Teil des bischöflichen Palastes wurde auf der römischen Stadtmauer erbaut, heute an der Ecke *Rue Edgar Quinet* und *Rue de la Motte*. Gleich erkennt man die horizontalen roten Ziegelstreifen, die sich durch das Fundament des Gebäudes ziehen, und auch der auf dem alten Mauerwerk errichtete Turm des Palastes zeigt deutlich, dass man das Gebäude dem Grundriss des antiken Schutzwalls aufgestülpt hat. Dieser besaß ursprünglich 18 Türme. Einen weiteren davon findet man an der *Rue General Leclerc*, etwas versteckt am Ende eines Parkplatzes vor der Sackgasse *Impasse Villa Denon*. Der romantische Turm *Tour Saudon* (Abb. 46) mit seinem zugewachsenen Eingang und den mittelalterlichen Fenstern bietet so manch heimlichem Pärchen Zuflucht vor unliebsamen Augen. Um das Jahr 1000 in eine Festung integriert und später Teil einer Klosterkapelle, sind die römischen Ursprünge doch unüber-

Abb. 46 Chalon-sur-Saône, *Tour Saudon*, mit Mauerwerk des spätrömischen Kastells.

sehbar. Man erkennt die gleiche Form und Maserung wie bei dem in den Bischofspalast integrierten Turm. Der ihn umringende Graben zeigt auch, dass das Bodenniveau einst tiefer lag als heute.

Einige schöne, archäologische Funde der Stadt kann man im *Musée Vivant-Denon* bewundern, dessen Namensgeber u. a. als erster Direktor des Louvre (damals *Musée central des Arts*) unter Napoleon im Jahr 1802 bekannt wurde. Zwar ist die Ausstellung nicht groß, doch kann man hier eine Weihtafel an die Flussgöttin Souconna sehen, aus deren Namen sich wohl der heutige Name des Flusses Saône ableitet. Bei Caesar hingegen wird der Fluss als Arar bezeichnet.

Mitte Juli findet man aber schnell Trost auf den Straßen, denn zu dieser Zeit findet jedes Jahr das Theaterfestival *Chalon dans la Rue* statt, bei dem die gesamte Altstadt von originellen Straßenkünstlern bevölkert wird.

Literatur:

Bromwich, J.: The Roman remains of northern and eastern France. A guidebook. London 2003. 170–177.

Ein Hauch von Südfrankreich weht durch die pittoresken Gassen des ehemaligen Römerkastells, das auf blutige Ereignisse im 2. Jh. zurückblickt. Die damals von Soldaten und Händlern bevölkerte Via Agrippa lädt heute zu einem entspannten Spaziergang zwischen kleinen Läden und Restaurants ein.

26 TOURNUS – TINURTIUM: REISEWARNUNG FÜR CHRISTEN UND ANHÄNGER VON CLODIUS ALBINUS

FRANKREICH — Bourgogne-Franche-Comté

Am Ende des 2. Jhs. n. Chr. war in Tinurtium eine Menge los. Die Via Agrippa führte mitten durch dieses Versorgungskastell der römischen Truppen. Wie an allen größeren am Fluss gelegenen Orten, konnte man hier als Händler Waren von Schiffen aus dem Mittelmeer erwerben oder seine Waren aus der Region auf Boote umladen. Vor der Weiterreise stattete man dem Tempel einen Besuch ab und bat die Götter um eine glückliche Weiterfahrt und gutgelingenden Handel. Hauptsache, man wurde nicht dabei erwischt, wie man den EINEN Gott anbetete, anstatt den römischen Göttern zu opfern, denn das war Verrat am Kaiser und am römischen Staat. Ein Mann, der sich diesem Kaiserkult verweigerte und ganz offen zu seiner Religion, dem Christentum, stand sowie diese auch öffentlich predigte, war Valerianus aus Lugdunum (Lyon). 177 n. Chr. musste er deshalb von dort fliehen und suchte Schutz in Tinurtium, wo er jedoch erneut versuchte, die Menschen zu missionieren. Ein Jahr später wurde er dafür verhaftet und enthauptet. Aus christlicher Sicht ist er ein Märtyrer, der das Christentum nach Tournus gebracht hat und für seine Verdienste heiliggesprochen wurde. In der Nähe seines Grabes wurde spätestens im 9. Jh. von Benediktinermönchen, die während der Normanneneinfälle hierher flohen, ein Kloster errichtet. Da sie aber die Reliquien des von ihnen verehrten Philibert mitbrachten, benannten sie die Kirche nach ihm und nicht nach Valerianus. Die Abteikirche *Saint Philibert* dominiert heute noch den Hügel von Tournus.

Noch ein anderes Ereignis, ebenfalls mit blutigem Ende, spielte sich zwanzig Jahre nach Valerianus' Tod hier ab. In einer antiken Sammlung von Kaiserbiographien, der *Historia Augusta* (HA Sev. 11,1), wird Tinurtium als Schauplatz einer ersten großen Schlacht zwischen den beiden Kontrahenten Septimus Severus und Clodius Albinus im Jahr 197 n. Chr. genannt. Beide wollten die Kaiserherrschaft über das Römische Reich erlangen, was schließlich zur berühmten Schlacht bei Lugdunum (Lyon) führte, aus der Septimus Severus als Sieger hervorging. Das Reisen in dieser Region machte in diesem Jahr sicher wenig Spaß, denn als Hauptstraße von und

nach Lugdunum wird die Via Agrippa hier von Soldaten bevölkert gewesen sein, deren Verpflegung erste Priorität hatte.

Der Grundriss des römischen Kastells ist noch im heutigen Straßenverlauf im *Cartier de la Madeleine* nachvollziehbar (Abb. 47). Die parallel zum Ufer der Saône verlaufende *Rue Désirée Mathivet* zeichnet den Verlauf der Via Agrippa und gleichzeitig die Hauptstraße des Kastells nach. Hier findet man die wunderschöne frühromanische Kirche *Sainte Madeleine* (Abb. 48), die vielleicht auf einem römischen Tempel erbaut wurde. Ihre Apsis verläuft durch die ehemalige Befestigungsmauer des Kastells, die ursprünglich aus einem Holzpalisadenzaun bestand, der im dritten Jh. durch eine bis zu 3 m dicke Mauer ersetzt wurde. Den Rest eines Wachturms dieser Mauer kann man am *Place de la Grenette* in einem Wohnhaus verbaut sehen. Man erkennt ihn an der rundlichen, mit kleinen Steinen gemauerten Wölbung der oberen Außenwand eines Hauses, die jedoch zum größten Teil mit einem angrenzenden Haus verbaut ist. Das Innenleben des Kastells wird heute von sieben parallelen Straßen nachgezeichnet, die von der Via Agrippa (*Rue Désirée Mathivet*) nach Westen abgehen. Die *Rue Quatre Septembre* markiert die ehemalige westliche Mauer des Kastells.

Eine letzte Erinnerung an das römische Tinurtium steht in Form einer Säule auf dem *Place de l'Arc* am westlichen Rand der Altstadt. Sie wurde 1599 zum ersten Mal wieder aufgestellt und wird heute als Denkmal für die gefallenen Soldaten des ersten Weltkrieges genutzt.

Die Via Agrippa in Tournus ist heute eine richtige Flaniermeile mit exquisiten kleinen Restaurants, Galerien und Boutiquen, von der aus man die mediterran geprägte Altstadt oder das Ufer der Saône erkunden kann. Von hier kann man mit dem Fahrrad über die Voie Bleu entlang des Flusses bis nach Mâcon radeln oder die Hausboote beim Anlegen an der Kaimauer beobachten.

Abb. 47 (oben links) Verbauter Rest der römischen Befestigungsmauer. am *Place de la Grenette*.

Abb. 48 (oben rechts) Die romanische Kirche *Sainte Madeleine*, gebaut auf römischen (Tempel?) Fundamenten.

Possenspiel, Gladiatorenblut und lyrische Konzerte. Die drei Spielstätten in Lugdunum boten für jeden Geschmack das passende Unterhaltungsprogramm, wobei besonders gebildete Geschmäcker auf ihre Kosten kamen. Heute trifft das vor allem im kulinarischen Sinne zu, denn die Lyonneser Küche ist weltberühmt.

27 LYON – LUGDUNUM: ERLESENES KULTURPROGRAMM FÜR GELADENE GÄSTE

FRANKREICH Auvergne-Rhône-Alpes

Mindestens seit 400 v. Chr. bestand auf dem heutigen Hügel Fourvière eine keltische Siedlung mit einem Heiligtum. Dieses war vermutlich dem eigentlich in Irland und Großbritannien beheimateten Gott Lugh geweiht, aus dem Lugdunum später seinen Namen speiste: Hügel des Lugh. Dies ist die meist verbreitete These der Namensgebung. Bei der römischen Besiedlung des Ortes im Jahre 43 v. Chr. gaben die neuen Herren dem Ort zunächst einen anderen Namen: *Colonia Copia Felix Munatia* – „glücklich“ und „reich“ waren die Attribute, die die neu gegründete Stadt trug. Beides konnten ihre neuen Bewohner gut gebrauchen, denn sie waren ursprünglich Einwohner der 30 km weiter südlich gelegenen Stadt Vienna, der Hauptstadt der Allobroger. Diese waren Caesar bekanntlich nicht sehr wohlgesonnen und schmissen die römischen Bewohner nach dessen Tod 44 v. Chr. kurzerhand aus der Stadt. Eine neue Bleibe musste her, also wurde der Statthalter Lucius Munatus Plancus dazu bestimmt, eine neue Siedlung zu gründen. Bei dem Gedanken, dass die Römer in ihrer eigenen Provinz von den Einheimischen aus einer romanisierten Stadt verbannt werden könnten, hätte Caesar sich wahrscheinlich im Grab umgedreht. Und dass aus dieser „Flüchtlingssiedlung“ einmal die größte Stadt Galliens werden sollte, wäre Plancus wahrscheinlich nicht eingefallen. Denn wegen ihrer geographisch günstigen Lage machte Agrippa die Stadt zum Ausgangspunkt seines Straßenbauprogramms und sie wurde bald zum Handelsdrehkreuz zwischen Germanien, Italien, Britannien und dem Mittelmeer. Wenn man von einer Straße sagen kann, dass sie „gegründet“ wurde, dann ist der Gründungsort der Via Agrippa freilich genau hier.

Der Infrastruktur folgten die Gewerbe, zahlreiche Handwerke siedelten sich an. So war Lugdunum bekannt für seine Münzprägerei, für seinen Wein, seine Keramik und noch viele weitere Produktionsgüter. Im 2. Jh. soll die Stadt eine Fläche von 300 ha gehabt haben, man schätzt seine Einwohnerzahl zu der Zeit zwischen 40.000 und 200.000. Mit Gewissheit wuchs Lugdunum bis zum 2. Jh. zur politischen und ökonomischen Hauptstadt Galliens heran.

Für Reisende machten all diese Faktoren und mit Sicherheit auch die schöne Lage am Hang Lugdunum zu einem großen Anziehungspunkt. Wer auf der Via Agrippa von Norden her anreiste, bestieg den Hügel Fourvière „von hinten“, denn die Besiedlung erstreckte sich auf der südöstlichen Seite. Man sah also von ziemlich weit oben das Häusermeer mit den imposanten Bauten wie dem Theater und dem Odeon und konnte gleichzeitig den Blick in die Ferne schweifen lassen. Tief unten auf der anderen Seite der Saône erblickte man das Amphitheater und dahinter, wo sich heute die nicht enden wollende Neustadt Lyons befindet, Wälder bis zum Horizont. Besonders gebildete Menschen und Anhänger der schönen Künste dürften sich auf einen Besuch dieser Metropole gefreut haben, denn Lugdunum war eine der wenigen Städte im gesamten Imperium, die ein Odeon besaßen. In Gallien sind bisher nur zwei weitere in den benachbarten Städten Vienna und Valentia bekannt. Diese kleine Form des Theaters bot Unterhaltung für den feineren Geschmack der gebildeten Oberschicht. Während sich die Massen im großen Theater populärer Stücke mit komischen und vulgären Inhalten erfreuten, wurden hier Lesungen, Lyrikvorträge und Konzerte abgehalten. Auch für Versammlungen wurden diese Gebäude benutzt, so kann man sich gut vorstellen, dass eine anstrengende politische Zusammenkunft mit einem Flötenspiel abgerundet wurde. Vielleicht wurde dieses Odeon auch als exklusiver Veranstaltungsort für hochrangige (gebildete) Gäste genutzt oder sogar zu diesem Zweck gebaut, nachdem das Amphitheater, welches ursprünglich nur für Gesandte der 60 Gallierstämme erbaut worden war, unter Kaiser Hadrian von 1.800 auf ca. 20.000 Sitze ausgebaut und so für die Öffentlichkeit zugänglich gemacht worden war. Dafür spricht, dass der Bau des Odeons und der Ausbau des Amphitheaters beide in das 2. Jh. datiert werden.

Die große Fläche der antiken Stadt hat es nachfolgenden Generationen unmöglich gemacht, sie vollständig zu überbauen, und so finden sich heute unzählige große und kleine Reste der römischen Architektur in Lyon.

Nähert man sich wie der antike Reisende auf der Via Agrippa von Norden her, kann man einen regelrechten Römerparcours abgehen, der sich vom Hügel Fourvière bis zum Fluss hinunterschlängelt.
Das erste archäologische Amuse-Geule wartet am *Place de Trion*. Hier plätschert ein römischer Brunnen mit einem rechteckigen Wasserbecken. Er wurde bei Ausgrabungen auf dem Hügel Fourvière auf einer antiken Straßenkreuzung gefunden, und wegen des schlechten Zustandes des Terrains an diesem Platz aufgestellt. Die Inschrift CLAUD AUG über dem Wasserspender ist immer noch gut zu erkennen. Der Brunnen ist also Tiberius Claudius gewidmet, dem ersten römischen Kaiser, der außerhalb Italiens – nämlich in Lugdunum – geboren wurde. Er herrschte von 41 bis 54 n. Chr.

Abb. 49 Lyon, römisches Mausoleum an der *Montée de Choulans.*

Ein Stück weiter, die Straße *Montée de Choulans* hinunter, entdeckt man in einem kleinen Park in der Kurve gleich fünf römische Mausoleen (Abb. 49), skurril wirkend in ihrer unnatürlichen Umgebung aus modernen Wohnblocks. Sie wurden 1885 beim Bau einer Straßenbahnstation nur wenige 100 m entfernt am *Place du Trion*, wo nun der Brunnen steht, gefunden. Dort befand sich zu römischer Zeit eine Nekropole mit vielen Gräbern entlang der Fernstraße, die gen Westen nach Aquitanien führte. Das Mausoleum in der Mitte ist am besten erhalten und trägt sogar eine gut lesbare Inschrift, die uns verrät, dass hier Quintus Calvius Turpio begraben wurde, der zu Lebzeiten ein Priester des Kaiserkultes war.

Biegt man nun Richtung archäologischem Park nach Osten auf die *Rue des Macchabées* ab, stößt man auf der rechten Seite auf den Grundriss der Basilika von Saint-Just, einer Begräbnis-Basilika aus dem 4. Jh. In einem Mausoleum direkt daneben soll der Namensgeber des Viertels, der heilige Saint Just, begraben worden sein. Man sieht noch den Chor des antiken Gebäudes als teils nachgezeichneten Grundriss. Der Charme dieses Ortes liegt auch in seinem Setting. Denn durch den rotgefärbten Boden, die kleine Parkanlage mit Bänken drum herum und dem Hochhaus dahinter mutet die Fläche wie ein Basketballfeld für urbane Jugendliche an – die sich auch tatsächlich auf dem Platz tummeln. Auf der linken Seite am Zaun sind noch Säulenbruchstücke aufgestellt, die weitere Möglichkeiten zum Sitzen oder zu sportlichen Aktivitäten bieten. Der Ausblick von hier oben auf die Stadt gibt einen kleinen Vorgeschmack auf jenen, den man einige 100 m weiter vom römischen Theater aus hat.

Doch vorher gibt es noch eine weitere Station zu besichtigen an der *Rue des Farges*, gegenüber der *Église Saint-Just* im Hof einer Neubauwohnzeile. Man darf sich nicht scheuen, durch ein Tor den Innenhof zu betreten – hier wohnt man zwar nicht nobel, doch man kann jeden Morgen aus dem Küchenfenster die Ruinen der römischen Thermen bewundern. Sie nehmen den rechten Teil des ausgegrabenen Geländes ein, man kann noch die Reste einiger Becken sehen, die mit einer roten Füllmasse konserviert sind. Der größte Teil des Gebäudes ist von der angrenzenden Schule überbaut. Besonders interessant sind die Wasserleitungen, die sich durch das stark abschüssige Gelände ziehen. Ein tiefer gelegener vergitterter Schacht führt in die begehbaren Heiz- und Serviceschächte, die leider nach wenigen Metern zugeschüttet sind. Auf der linken Seite am Hang sieht man die Reste einer Stützmauer, hinter der sich auf einer höher gelegenen Terrasse eine Straße und zwei Häuser befunden haben. Sie sind nach den Funden benannt, die bei den Ausgrabungen in den 70er-Jahren in ihren Mauern gemacht wurden: Links die *Maison aux masques* – hier wurde eine rote Keramikmaske gefunden. Rechts die *Maison au Char*, in der ein Panzerhemd gefunden wurde. Beides ist im archäologischen Museum zu sehen.

Biegt man nun links ab auf den *Place des Minimes*, kommt man zur bekanntesten Sehenswürdigkeit der Stadt, dem sehr gut erhaltenen römischen Theater und dem danebengelegenen kleineren Odeon (Abb. 50). Daneben befindet sich das gallo-römische Museum. Bereits von der tiefer gelegenen Straße ist der Anblick den Hang hinauf grandios, stellt man sich vor, wie 10.500 Besucher aus den Sitzreihen des Theaters auf einen hinabblicken, und dann noch einmal 3.000 aus dem kleineren, danebengelegenen Odeon. Zu römischer Zeit konnte man freilich die halbrunden Zuschauerränge *(cavea)* von vorne nicht sehen, da ein Bühnengebäude, das

Abb. 50 Lyon, römisches Odeon im *Parc Archéologique de Fourvière.*

so hoch wie die letzte Sitzreihe war, die Sicht versperrte. Das galt natürlich auch für die Zuschauer, denen der Panoramablick über Lugdunum und die umliegenden Hügel – den man heute von den oberen Sitzreihen hat – verwehrt blieb. Bemerkenswert ist die rekonstruierte Spielfläche *(orchestra)* des Theaters, die mit einem wunderbaren geometrischen Muster aus Granit sowie pinkem und grünem Marmor ausgestattet ist. Ein Erlebnis ist es, diese Theater an Sommerabenden zu besuchen, da hier jedes Jahr das Festival der darstellenden Künste *Les nuits de Fourvière* stattfindet. Gleich nachdem die Ausgrabungen beider Theater in den Jahren 1946 und 1952 beendet waren, fanden die ersten Aufführungen statt, und seitdem bietet das Festival Darstellungen aus Bereichen wie Kino, Theater, Oper, Tanz und Zirkus und öffnet die Bühne sowohl für bekannte als auch für aufstrebende Künstler.

Die beiden Theater sind durch eine breite Straße mit flachen Stufen voneinander getrennt, über die man zu dem Bereich oberhalb des Theaters gelangt. Die Ausgrabung zeigt hier ein Labyrinth an Straßen, Gebäuden und Wasserleitungen, das verschiedene Bauphasen in sich vereint. An der höchsten Stelle, getrennt durch eine Mauer, lag ein Gebäude, das durch den Fund eines weiblichen Marmorkopfes von manchen Wissenschaftlern als Kybele-Heiligtum gedeutet wird. An der Westseite dieses Gebäudes wurde eine weitere interessante Entdeckung gemacht. Dort befindet sich, heute abgetrennt durch einen Maschendrahtzaun, der untere Teil eines

Abb. 51 Lyon, *Jardin Archéologique St-Jean* und die Kathedrale *Saint-Jean-Baptiste.*

großen, 26 x 9 m, messenden Wassertanks. Er fasste um die 700 m^3 Wasser und wurde vermutlich vom Aquädukt von Gier gespeist (siehe 28). In den zwei sichtbaren unteren Kammern lagerten sich Schwebeteilchen und Schmutz, die das Wasser führte, ab; somit dienten sie der Reinigung des Wassers, bevor es weiter zu seinen Zielorten geleitet wurde.

Auf dem Gelände sollte man auch unbedingt das gallo-römische Museum besuchen. Der terrassenartig angelegte Bau von 1976 ist regelrecht in den Hang gegraben, denn man sieht von außen nur die obere Etage, der Rest verläuft unterirdisch. Hier kann man in 17, teils thematisch, teils chrono-

logisch angeordneten Räumen die Geschichte von Lyon bis zum frühen Christentum nachvollziehen und dabei viele interessante Artefakte, darunter wertvolle Inschriften, bewundern.
Im Anschluss kann man die steilen Gassen hinunter in die Altstadt und zur Kathedrale *Saint-Jean-Baptiste* (Abb. 51) wandern, an deren Nordseite sich der *Jardin Archéologique St-Jean* befindet. Zwischen den Grundmauern zweier Kirchen aus dem frühen Christentum kann man hervorragend picknicken. Wem der Sinn nach mehreren Gängen steht, sollte in einem der unzähligen Restaurants einkehren und die berühmte Lyonneser Küche ausprobieren. Die Restaurants im Altstadtviertel sind allerdings sehr touristisch ausgerichtet und die Menüs trotz ambitionierter Preise nicht immer den Michelin-Stern wert. Um feine Küche jenseits des Touristenstroms zu erleben, sollte man die Straßen zwischen Saône und Rhône durchstöbern, wo es auch gute Einkaufsmöglichkeiten gibt.
Diesen Stadtbummel kann man auch gleich mit einem weiteren archäologischen Leckerbissen verbinden, dem Amphitheater, welches sich etwas nördlich an der *Rue Lucien Sportisse* befindet. Etwa zwei Drittel der Fläche sind freigelegt und größtenteils in ihrem Originalzustand belassen worden. Eine Inschrift, die im Museum zu sehen ist, weist Gaius Iulius Rufus als Erbauer des Amphitheaters aus, womit man dessen Bau etwa in das Jahr 19 n. Chr. datieren kann. Damit ist es das älteste gefundene Amphitheater in Gallien. Die Reste sind im Gegensatz zu den fast vollständig erhaltenen Amphitheatern in Arles und Nîmes nicht besonders spektakulär, dafür war es mit Lehnstühlen in den unteren vier Reihen ausgestattet, welche die Inschriften **ARV**, **C** und **TRI** trugen. Diese Abkürzungen wiesen den auserwählten Gästen die Plätze zu, nämlich den Delegierten der Stämme **Arv**erner (aus der heutigen Auvergne), der Biturigen (lateinisch *Bituriges* **C***ubii* aus dem heutigen Bourges) und der **Tri**casser (aus dem heutigen Troyes). Daher auch der französische Name des Theaters: *amphithéatre des trois Gaules*.

Literatur:

Burdy, J./Pelletier, A.: Guide de Lyon Gallo-Romain. Lyon 2004.

Neben den Fernstraßen gehörten auch Wasserleitungen zu den Adern des römischen Reiches. Auch sie dienten der Versorgung – und zwar mit dem höchsten Gut: aqua. Lugdunum verfügte gleich über vier dieser Adern. Der Aquädukt von Gier allein führte das Wasser über 86 km weit bis in die Stadt und musste dabei über unzählige Hügel und Täler immer wieder große Höhenunterschiede ausgleichen – eine architektonische Meisterleistung.

28 CHAPONOST, BEAUNANT, LYON – DER AQUÄDUKT VON GIER: WASSER MARSCH! FÜR DIE METROPOLE

FRANKREICH Auvergne-Rhône-Alpes

Die Allgegenwärtigkeit von Wasser, sei es in Form von Brunnen, Wasserspielen, Latrinenabflüssen oder Thermen, hat das Stadtbild Lugdunums mitgeprägt. Zu seiner Blütezeit im 2. Jh. verfügte Lugdunum über eine Wassermenge von ca. 75.000 m^3 am Tag, die in Thermen, Latrinen, Privathäusern, Brunnen und Wasserspielen verbraucht wurde. Den größten Teil davon lieferten die vier Wasserleitungen aus den umliegenden Bergen, benannt jeweils nach dem Berg oder Fluss ihres Ursprunges: der Mont d'Or, der Yzeron, die Brévenne und der Gier. Zusammen bildeten sie ein ca. 200 km langes Kanalnetz, in seiner Länge nur von dem in Rom übertroffen. Die zahlreichen überirdisch verlaufenden Aquäduktbrücken in den umliegenden Bergen dürften auch Reisenden nicht verborgen geblieben sein. Ihre Größe und ästhetische Gestaltung war ein Vorgeschmack auf die fortschrittliche und zu einem großen Teil sicherlich auch repräsentative Infrastruktur des Wassers in der Metropole Lugdunum.

Der längste und am besten erhaltene der Lyoner Aquädukte ist der südwestlich von Lyon entspringende Aquädukt von Gier. Mit einer Länge von 86 km ist er einer der längsten und größten Aquädukte im gesamten Römischen Reich. Ca. 15.000 m^3 Wasser am Tag lieferte diese Wasserleitung nach Lugdunum.

Entlang der gesamten Strecke zeigt sich der Aquädukt an mehreren Stellen, doch allein in der Umgebung von Lyon kann man an zwei Orten imposante Überreste sehen.

Im Ort Chaponost, ca. 14 km südwestlich von Lyon, stehen am *Plat de l'air* noch 92 Bögen, die auf einer Länge von 550 m parallel zur Straße verlaufen und deshalb nicht verfehlt werden können. Beeindruckend ist vor allem der mittlere Teil, in dem die Bögen freistehend und zusammenhängend die Straße flankieren. Man kann sehr schön das außergewöhnliche Muster erkennen, das die Bögen ziert. Es sind kleine, auf dem Kopf stehende quadratische Steine, die durch ihre Menge ein Netzmuster entstehen lassen. Durchzogen wird dieses Grundmuster von drei roten Ziegelreihen

Abb. 52 Beaunant, Aquädukt von Gier am *Chemin de Montray.*

unter den Bögen und einer darüber, ähnlich wie man es häufig bei den Thermengebäuden sieht. Die Bögen sind ebenfalls mit den roten Ziegeln eingefasst, die sich mit hellen Steinen abwechseln. Nach Süden wird der Aquädukt niedriger, woran man das Gefälle des Terrains erkennen kann, und wird Teil der Wohnbebauung. Schließlich werden die Reste immer niedriger und verwitterter und verschwinden schließlich ganz im Boden. Im Norden hingegen macht der Verlauf eine Kurve nach Osten in das Feld hinein. Hier ist die Brücke unterbrochen, doch glücklicherweise ist noch das letzte Stück vorhanden, das plötzlich steil bergab führt und die Wasserleitung im Boden verschwinden lässt.

Im Tal wird sie wieder sichtbar, man muss dazu in den Ort Beaunant fahren. Auf einer imposanten 270 m langen und 17 m hohen Brücke überspannt der Aquädukt (Abb. 52) hier die Hauptstraße D 342 an der Querstraße *Chemin de Montray*. Die Brücke ist zwar an der Straße unterbrochen, dennoch sind die 15 von 30 verbliebenen Bögen zu beiden Seiten beeindruckend. Die Untersuchung der Steine lässt auf eine Erbauung dieses Teils des Aquädukts um 40 v. Chr. schließen. Man weiß, dass der gesamte Aquädukt erst im 2. Jh. unter Kaiser Hadrian fertiggestellt wurde.

Das letzte Stück vor dem Erreichen des Wasser-Reservoirs oberhalb des römischen Theaters findet man in Lyon an der *Rue Roger Radisson*, ein Stückchen oberhalb der Kreuzung mit der *Rue du Cardinal Gerlier* und der *Montée du Télegraphe*. Zu beiden Seiten der Straße stehen noch Reste der Bögen, links sieht man, dass der eine Bogen einst die Straße überspannte, aber auch mit einem danebenliegenden Bogen verbunden war. Es muss hier also einen Doppelbogen gegeben haben.

Literatur:

Alix, X. et al: Les itineraires gallo-romains en Rhône-Alpes. Lyon 2010. 20–27.

Welche Stadt war größer, schöner, unterhaltsamer? Vienna war die große Konkurrentin ihrer Nachbarin Lugdunum und konnte gewiss mit ihrer Arena für Wagenrennen punkten. Für so ein Spektakel blieb man sicherlich auch gern ein paar Tage länger in der Stadt. In der Zwischenzeit konnte man das Wichtigste erledigen: ein Opfer für den Kaiser darbringen.

29 VIENNE UND SAINT-ROMAIN-EN-GAL – VIENNA: ... UND NACH DEM OPFER ZUM WAGENRENNEN

FRANKREICH — Auvergne-Rhône-Alpes

Eine Tagesreise südlich von Lugdunum befand sich dessen „Mutterstadt" Vienna (siehe 27). Zwar erreichte sie nicht die Ausmaße Lugdunums, dennoch war die ehemalige Hauptstadt der Allobroger, die um 40 n. Chr. mit dem römischen Bürgerrecht ausgestattet worden war, im 2. Jh. eine der größten und wohlhabendsten Städte Galliens und in ständiger Konkurrenz zu Lugdunum. Tatsächlich gibt es einige Gemeinsamkeiten: Beide Städte sind am Hang oberhalb des Flusses Rhône gebaut, verfügten über ein Theater UND ein Odeon – vielleicht der wichtigste Hinweis auf ihre Konkurrenz – und eine weitere Spielstätte: Vienne besaß allerdings kein Amphitheater, sondern einen Circus (langgestreckte Arena für Wagenrennen). Welche der beiden Städte wird wohl mehr Anziehungskraft auf Reisende ausgeübt haben? Der Anblick Viennas jedenfalls muss beeindruckend gewesen sein, wenn man auf der Via Agrippa von Lugdunum kam (heute im wesentlichen Verlauf der N7). Zuerst sah man den Mont Pipet über der Stadt aufragen, auf dem sich wahrscheinlich ein großer, heiliger Komplex befand. Dort wurde eine Weihinschrift gefunden, die u. a. die Götter Mercur und Hercules nennt.

Direkt unterhalb des Berges erspähte man beim Näherkommen das Theater und das Odeon, die fast im 90-Grad-Winkel zueinander dramatisch in den Felsen gehauen waren. Während das Odeon heute wegen seines schlechten und unausgegrabenen Zustandes nicht betreten werden kann, wird das Theater auch heute noch im Sommer für Konzerte im Rahmen des jährlichen Jazz-Festivals genutzt. Zu dieser Zeit sollte man auch einen Blick unter die moderne Bühnen-Konstruktion werfen, denn dort findet man schöne Friese und Tierreliefs, die einst das antike Bühnenhaus schmückten. Unter den Sitzreihen sind noch die Umgänge vorhanden, durch die die Zuschauer zu ihren Sitzplätzen gelangten.

Eine weitere Ebene unterhalb des Theaters befand sich das Forum Viennas, von dem eine Ecke in Form von zwei erhaltenen Bögen und dem Rest eines großen Gebäudes, vielleicht einer Basilika, erhalten geblieben ist. Freilich musste man, um dieses Bauwerk zu sehen, die Stadt bereits betreten haben. Man findet diese beeindruckenden Ruinen im *Jardin de Cybèle*, der Name stammt aus der Zeit, als hier eine Kybele-Statue gefunden wurde und man davon ausging, dass die Ruinen zu ihrem Tempel gehören.

Einen wahrhaftigen Tempel gab und gibt es hingegen am anderen Ende des heute unsichtbaren Forums auf dem *Place du Palais Charles de Gaulle*: Der Tempel des Augustus und seiner Frau Livia (Abb. 53) ist neben seinem Bruder in Nîmes der einzige in Frankreich erhaltene antike Tempel. Er wurde zu augusteischer Zeit als Opferstätte des Kaiserkultes errichtet. Augustus bezeichnete sich selbst als *filius divi*, Sohn des Göttlichen, damit meinte er seinen Adoptivvater Iulius Caesar, dem man wegen seiner Taten göttliche Eigenschaften zugesprochen hatte. Mit dieser Bezeichnung erhob Augustus sich natürlich selbst in den Stand eines göttlichen Herrschers. Der Kaiserkult im römischen Reich wurde durch spätere Kaiser weiter verfestigt. Vermutlich kam niemand, der diese Stadt besuchte, umhin, dem Herrscher hier ein Opfer darzubringen. Dem Tempel sieht man heute an, dass er während der Jahrtausende zu unterschiedlichen Zwecken genutzt wurde, zuletzt als Kirche, wodurch er konserviert wurde wie das Pantheon

Abb. 53 Vienne, Tempel des Augustus und seiner Frau Livia.

in Rom. Im 19. Jh. hat man umfassende Rekonstruktionsarbeiten vorgenommen und eine *cella* (heiliger Inneraum des Tempels) neu eingebaut, wobei nicht nachgewiesen ist, ob dieser Nachbau dem römischen Original entspricht. Der Tempel befindet sich auf einem kleinen Platz mit einigen Cafés zwischen der aus dem 19. Jh. stammenden Wohnbebauung. Es wirkt, als wären die Häuser im Laufe der Zeit an den Tempel herangekrochen. Dadurch fehlt ihm der Platz, um richtig zu wirken.

Noch weiter den Hang herunter, beim *Office du Tourisme*, sind kurz vor der Rhône auf der rechten Seite Teile der römischen Stadtmauer in ein Geschäftsgebäude integriert. Sie wurde wohl nicht zu Verteidigungszwecken, sondern eher zur Machtdemonstration errichtet. Mit einer Länge von über 7 km war sie eine der längsten in Gallien. Links hinter dem *Office du Tourisme* ist ein schattiger Park, in dem ein Stück der römischen Straße konserviert ist, zusammen mit einem Meilenstein und einigen Säulenresten.

Im Süden, außerhalb der ehemaligen Stadtmauern, befand sich zu römischer Zeit der Circus. An bestimmten Festtagen fanden hier Wagenrennen statt und man kann sich vorstellen, wie die Bevölkerung vom Berg und vom anderen Rhôneufer herbeiströmte, um sich dieses Schauspiel nicht entgehen zu lassen. Der einzige Zeuge dieses riesigen Bauwerkes ist heute die „Pyramide", die, einem ägyptischen Obelisken nachempfunden, den zentralen Punkt der *spina* bildete. Die *spina* war die zentrale Mauer in der Mitte der länglichen Rennbahn, von der aus die Schiedsrichter das Rennen im Blick hatten. Um den steinernen vierseitigen Bogen mit einem hohen, spitz zulaufenden Dach ragten sich seit jeher viele Legenden. Im Mittelalter glaubte man, es handele sich um das Grabmonument von Pontius Pilatus – dem Richter, der Jesus zum Tode verurteilte und sich später bei Vienne in der Rhône ertränkt haben soll – andere glaubten gar, Kaiser Augustus oder Venerius, der Stadtgründer Viennas, seien hier begraben.

Das rechte Rhôneufer – Saint Romain en Gal

Während sich zu antiker Zeit auf der Seite des heutigen Vienne vor allem administrative, religiöse und der Unterhaltung dienende Gebäude befanden, war die rechte Seite der Rhône geprägt von kommerziellen und bewohnten Vierteln. Da die Topografie hier im Gegensatz zu der durch den steilen Mont Pipet geprägten Ostseite der Stadt eher flach ist, war die römische Bebauung über viele Jahrhunderte lang verschwunden. Erst im Jahr 1967 beim Bau einer Schule wurde eine weitflächige Ausgrabung durchgeführt, bei der die gut erhaltenen Reste eines großen Teils der antiken Stadt ans Tageslicht gefördert wurden.

Das Areal gehört heute zum Museumsgelände und kann mit einem Audioguide erkundet werden. Zunächst sollte man jedoch einen Rundgang durch das moderne archäologische Museum machen, das mit seinen zahlreichen

Modellen der antiken Stadt und Fundstücken aus den Grabungen einen lebendigen Eindruck des antiken Vienna vermittelt. Hier werden auch die wunderbaren Mosaike aufbewahrt, welche einst die luxuriösen Stadtvillen draußen auf dem Grabungsareal schmückten.
Hat man sich so einen umfassenden Eindruck der antiken Stadt verschafft, ist es anschließend leichter, sich die einstigen antiken Gebäude draußen vorzustellen. Geht man nun die Rampe hinter dem Museum hinunter, blickt man auf die Grundmauern mehrerer Villenkomplexe, Thermen und Ladenzeilen, die von einem Netz sehr gut erhaltener Straßen durchzogen werden. Beeindruckend ist hierbei das Abwassersystem, das sich z. T. unter den mit großen Steinplatten abgedeckten Bürgersteigen befand.
Besonders interessant sind die beiden Thermenanlagen, die sowohl in ihrer antiken Ausstattung und Form als auch in ihrer modernen Aufbereitung sehr gegensätzlich sind.
Die eine befindet sich am äußeren Ende des Grabungsareals unter einer kleinen Schutzhütte. Die Reste der kleinen Thermenanlage sind in ihrem Originalzustand zu sehen und wirken deshalb ausgeblichen und ruinös. Dennoch kann man nach all den Jahrhunderten noch die einzelnen Becken und die Putzschichten, mit denen sie ausgekleidet waren, erkennen, sowie die darunterliegende Hypokaustenheizung.
Einige 100 m entfernt, nahe dem Museum, befand sich zu römischer Zeit ein weiterer, weitaus größerer und aufwendigerer Thermenkomplex. Die Rekonstruktion beschränkt sich hier auf das Nachvollziehen der Grundmauern, doch ein Raum wurde mit großer Liebe zum Detail für den Besucher begehbar gemacht: die Latrinen. Der lange schmale Raum ist an drei Seiten mit insgesamt 40 Latrinen ausgestattet. Die direkte Nähe zur Straße suggeriert, dass man hier nicht nur als Badegast, sondern auch als Passant seine Notdurft verrichten konnte. Die roten Wände mit rechteckigen, auf weißem Grund gemalten Bildern wurden z. T. rekonstruiert, ebenso wie der Fußboden und die Fassade der mit Marmor verkleideten Wand, die den Latrinen gegenüberliegt. An dieser Seite ragt ein von Säulen umrahmtes halbrundes Becken in den Raum hinein. Zusammen mit Fontänen, die aus den Wänden kamen, bildete dieses Ensemble ein Wasserspiel, das die Gäste beim Toilettengang erfreute, für Frische sorgte und sicherlich das ein oder andere obszöne Geräusch mit seichtem Geplätscher überdeckte.

Museen

Neben den römischen Monumenten und dem Museumskomplex in Saint-Romain-en-Gal hat Vienne eine Vielzahl an Museen zu bieten (Abb. 54), in denen verschiedene archäologische Fundstücke aus dem antiken Vienna zu sehen sind. Ein Nebeneffekt des Besuchs der Museen ist, dass man die verschiedenen Museumskonzepte der letzten Jahrhunderte miteinander

vergleichen kann. Zwei der eigenwilligsten Museen werden hier kurz vorgestellt.

Abb. 54 Saint-Romain-en-Gal, Ausgrabung des Wohnviertels von Vienna, im Hintergrund das archäologische Museum und der Mont Pipet.

Mehr als Erforscher denn als Betrachter fühlt man sich im *Musée Lapidaire* im Innenraum der aus dem 5. Jh. stammenden Kirche *Saint Pierre*, einer der ältesten Kirchen Frankreichs. Die archäologischen Fundstücke – eher nach Größe und Form gestapelt, denn in einen Sinnzusammenhang gesetzt – wirken, umrahmt von rohem Stein der Basilika, beinahe mystisch. Eine ganz eigene Erfahrung in diesem Raum, der, all seiner sakralen Elemente beraubt, wie eine ehrwürdige alte Lagerhalle anmutet. Hier erhält man nicht die meisten Informationen, aber die altehrwürdige Stimmung in diesem geschichtsträchtigen Gebäude ist ein einmaliges Erlebnis.
Einen Schritt in die Moderne macht dagegen das *Musée des beaux-arts et d'archéologie*, das sich im ersten Stock des freistehenden Gebäudes auf dem Platz Miremont befindet. Dieses typisch kleinstädtische Museum mit einer auf drei Säle verteilten, wenig eklektisch zusammenpassenden Sammlung, versucht sich in der archäologischen Abteilung schon an Museumskonzepten des 20. Jhs. Als besonders schöne Stücke der archäologischen Sammlung sind die Bronzefigur des Pacatianus und die bronzenen Delphine zu nennen. Eigenwillig irritierend sind die an den Wänden verteilten Salonbilder, die teils biblische, teils mythische Motive darstellen und einen Einblick in die Gedankenwelt des ausgehenden 19. Jhs bieten.

Weitere archäologische Museen:
Musée archéologique Eglise Saint-Pierre, Place Saint Pierre.
Salle du Patrimoine, 1 Place du Jeu de Paume.

Literatur:

Alix, X. et al: Les itineraires gallo-romains en Rhône-Alpes. Lyon 2010. 45–54.

Eine von Mauern und Wachtürmen umgebene Stadt hat der antike Reisende vom Ufer der Rhône aus gesehen. Auch hier konnte er, so er sich denn für Musik und feinsinnige Lyrik interessierte, in einem Odeon Konzerten und Lesungen lauschen. Eine imposante Stadt muss dieses Valentia gewesen sein, heute ein Geheimnis unter unseren Füßen.

30 VALENCE – VALENTIA: EIN RECYCELTER MEILENSTEIN IN EINER VERSCHWUNDENEN STADT

FRANKREICH | Auvergne-Rhône-Alpes

Ob es Zufall ist, dass in Valence nach Lyon und Vienne das dritte Odeon in Gallien gefunden wurde? Drei relativ nah beieinander gelegene Städte, die sich möglicherweise von den anderen Metropolen Galliens absetzen und sich mit dem Bau von Odeen einen besonderen intellektuellen Touch verleihen wollten? Der Gedanke ist verlockend, da doch im gesamten Imperium bisher nur wenige dieser kleinen „Konzerthäuser“ gefunden wurden. Doch wir müssen uns vor Augen halten, dass bisher nur ein kleiner Teil der römischen Bebauung überhaupt ausgegraben wurde und dass andere gallo-römische Städte möglicherweise ebenfalls über ein Odeon verfügten.

Wenig mehr als diesen archäologischen Befund haben wir über das römische Valentia, denn die antike Stadt liegt zum größten Teil unangetastet unter den Boulevards und herrschaftlichen Häusern von Valence begraben. Wer nach Spuren der römischen Kolonie Valentia sucht, muss sich auf den Hügel entlang der *Rue-Saint-Didier* begeben, auf dem sich die Kathedrale *Saint-Appolinaire* und das Museum für Kunst und Archäologie befinden. Hier muss man den Blick auf den Boden richten, denn im Eingangsbereich des Museums ist mit einer dunkelroten Linie der Grundriss des römischen Odeons nachgezeichnet. Tatsächlich wurden noch andere römische Gebäude in Valence gefunden, z. B. eine Thermenanlage, ein Theater und vier Nekropolen – davon wurde aber nur das Odeon ausgegraben – und wieder überbaut.

Gleich nebenan, auf dem Parkplatz zwischen Museum und Kathedrale, wurde ein weiterer Grundriss in Form von kleinen Pflastersteinen, die sich vom Kies abheben, verewigt. An dieser Stelle befand sich ein Wachturm der römischen Stadtmauer. Der schöne Ausblick ins Rhônetal lässt vermuten, dass man die Mauer mit ihren Türmen und den dahinterliegenden Gebäuden schon von weitem erblickt haben muss.

Der Berg enthält aber noch ein weiteres antikes Geheimnis. Um dieses zu lüften, muss man sich in die überaus sehenswerte Kathedrale *Saint-Appolinaire* begeben. Sie ist der originalgetreue Nachbau der Vorgängerkirche aus dem Mittelalter, die im 17. Jh. zusammenstürzte. Umrundet man den von Säulen gesäumten Chor von links, erkennt man an der zweiten Säule hoch über dem Kopf römische Buchstaben. Beim Wiederaufbau der Kirche wurde offenbar improvisiert, denn es handelt sich um einen Meilenstein (Abb. 55) der Via Agrippa, der hier verbaut wurde. Er stammt aus dem Jahre 274 oder 275 n. Chr. und ist dem römischen Kaiser Aurelian geweiht, der in diesen Jahren Teile Galliens vom gallischen Herrscher Tetricus zurückeroberte. Die Inschrift des Meilensteins lautet IMP[ERATOR] CAESAR L(VCIVS) DOMIT[IVS] AVRELIANV[S] [...] [REFECIT ET] [R]ESTITVIT [...], was darauf hinweist, dass Aurelian während seines Aufenthaltes in Gallien die Via Agrippa in dieser Region ausbessern ließ – ein weiteres Puzzleteil im Rätsel um die römische Geschichte von Valence.

Einen weiteren Meilenstein und andere römische Funde aus der Region um Valence findet man im oben erwähnten *Musée de Valence*, darunter einige bemerkenswerte Sarkophage und Mosaike.

Literatur:

Alix, X. et al: Les itineraires gallo-romains en Rhône-Alpes. Lyon 2010. 73.

Abb. 55 Valence, der als Säule wiederverwendete Meilenstein in der Kathedrale *Saint-Appolinaire*.

Das kunstvolle Glashandwerk der Helvier hat sicher so manchen Händler veranlasst, die Via Agrippa für einen oder zwei Tage zu verlassen, um hier günstige Waren aus erster Hand zu erstehen. Der Ausflug lohnte sich auch landschaftlich, denn kaum hatte man die Hügelkette westlich der Via-Agrippa-Station Acunum überquert, bot sich dem Reisenden ein Panorama, das wir heute in einem guten Western verorten würden.

31 ALBA-LA-ROMAINE – ALBA HELVIORUM: KELTISCHES GLAS AUS DER GALLISCHEN PRÄRIE

FRANKREICH Auvergne-Rhône-Alpes

War man auf der langen Reise von Germanien in Acunum (Montélimar) angelangt, war der Weg bis zum Mittelmeer immer noch kein Katzensprung, aber das Klima war bereits milder. Gewiss wurden hier Waren aus den umliegenden Orten gehandelt und auf Schiffe verladen, die schnell in Arelate (Arles) oder Massilia (Marseille) waren. Mit Sicherheit wurde hier auch buntes Glasgeschirr in verschiedenen Formen angeboten, eine Spezialität aus dem ca. 10 km entfernten Alba – doch wer ein wirklich gutes Geschäft machen und Gläser nach seinen eigenen Vorstellungen produzieren lassen wollte, machte sich am besten gleich auf zur Produktionsstätte. Um nach Alba zu gelangen, musste man das Rhônetal in Richtung Westen verlassen und eine kleine Bergkette überqueren, bis man in eine Hochebene gelangte, die heute in der Ferne von kahlen Bergen umsäumt wird und irgendwie an die amerikanische Prärie erinnert.

Alba war wahrscheinlich schon vor der Eroberung durch die Römer Hauptstadt des gallischen Stammes der Helvier. Dementsprechend nannte sie sich später Alba Helviorum. Der Name Alba ist nicht, wie man vermuten könnte, lateinischen Ursprunges (*alba* = die Weiße), sondern kommt aus dem Keltischen und bedeutet so viel wie „hoher Berg“, was angesichts der topographischen Lage auch viel besser zu ihr passt. Obwohl Alba strategisch nicht so günstig lag wie z. B. Vienna, sicherte sie sich aber durch ihre pro-römische Politik während der Gallischen Kriege Ansehen bei Iulius Caesar und erlebte anschließend einen ökonomischen Aufschwung, in dessen Zug viele öffentliche Gebäude erbaut wurden.

Von dem intensiven Glashandwerk zeugen zahlreiche Funde, die heute im Museum auf dem Gelände der *site antique* zu sehen sind. Das antike Zentrum von Alba besteht nur noch aus Grundmauern, da es für den Bau der neuen, etwas abseits gelegenen Stadt offenbar großzügig geplündert wurde. Ein großer Tempelkomplex, an den ein Forum und ein öffentlicher Bereich mit einer Kurie grenzen, füllte den zentralen Bereich der Stadt. Diese Gebäude grenzen an den Cardo Maximus, die von Nord nach Süd verlaufende antike Hauptstraße, die wiederum von Läden und Handwerkergebäuden gesäumt wurde.

Neben dem zentralen Tempel befand sich einige 100 m nördlich des Hauptareals ein weiterer Tempelkomplex: das *Sanctuaire de Bagnols*. In seinem sakralen Bereich wurde ein gallischer Tempel *(fanum)* in einen romanisierten Tempelkomplex integriert, was ein außerordentliches Beispiel für die Adaptionsfähigkeit der römischen Kultur darstellt, zumal in dem Komplex die vergöttlichte Figur eines Kaisers vom Ende des 1. Jhs. bzw. Anfang des 2. Jhs. n. Chr. gefunden wurde. Die Statue ist im Museum zu sehen.

Einen weiteren Höhepunkt der Ausgrabung stellt das Theater (Abb. 56) dar, das mit seinen 3.000 Plätzen darauf hindeutet, dass Alba ein recht kleines *oppidum* war. Nur die Grundstruktur sowie die ersten fünf Sitzreihen des Theaters sind erhalten, doch hat es eine heute noch sichtbare Besonderheit: Es liegt in einer Kurve des Baches *Ruisseau d'Aunas*, der an dieser Stelle kanalisiert und unter der Bühne des Theaters entlanggeleitet wurde. Eine mögliche Funktion dieser Bauweise erschließt sich bei genauerer Betrachtung der Umgebung. Die Römer bauten ihre Theater gerne in bereits vorhandene Hänge, um Material zu sparen und Stabilität zu gewährleisten. In der Hochebene sind Hänge selten, doch an dieser Stelle machte die Integration des Baches in den Theaterkomplex die volle Ausnutzung eines solchen möglich. Auch künstlerisch war der Graben sicher

Abb. 56 Alba-la-Romaine, römisches Theater mit integriertem Wasserkanal.

von Nutzen. Da er praktisch Bestandteil der Bühne war, wurde er gewiss zuweilen in das Bühnenbild und die Spielhandlung integriert.

Neben dem Besuch der Ausgrabung sollte man sich unbedingt Zeit für einen Imbiss in der örtlichen Pâtisserie, für die Erkundung der romantischen Winkel Albas und für den schönen Ausblick von der mittelalterlichen Burg nehmen, die den Ort heute dominiert. Statt wie zu römischer Zeit Glasgeschirr bietet sich heute als Souvenir ein Stück des berühmten Montélimar-Nougats an, das möglicherweise schon von den Griechen eingeführt wurde und auf die lateinische Bezeichnung *nux gatum* (Nusskuchen) zurückgeht. Eine mögliche französische Ableitung des Wortes von „*tu nous gâtes*" (du verwöhnst uns) gefällt den einheimischen Nougatproduzenten allerdings besser.

Literatur:

Alix, X. et al: Les itineraires gallo-romains en Rhône-Alpes. Lyon 2010. 82–85.

Abb. 57 Meilenstein auf einem Rastplatz an der N102 zwischen le Teil und Alba la Romaine

Im Sommer liegt hier ein ausgetrocknetes Flussbett, im Winter jedoch rauscht ein reißender Bach vom Coiron-Plateau in Richtung Rhône. Um diesen zu überqueren, bauten die Römer eine solide Steinbrücke, die man heute noch begehen kann.

32 VIVIERS – DIE RÖMISCHE BRÜCKE: DEN REISSENDEN WINTERFLUTEN ZUM TROTZ!

FRANKREICH Auvergne-Rhône-Alpes

Für Händler, die von Alba weiter Richtung Mittelmeer wollten, bot es sich an, nicht nach Acunum zurückzufahren, sondern die Felskette in südlicher Richtung zu durchqueren, entlang des Flusses, wo sich heute noch die Landstraße D107 entlangschlängelt. Kurz bevor man dann wieder die Rhône und die Via Agrippa erreichte, musste man auf einer Brücke (Abb. 58) den Bach l'Escoutay überqueren. Diese Brücke ist noch heute erhalten und kann sogar begangen werden. Man erreicht sie nördlich von Viviers, wo die beiden Landstraßen D 86 (von Norden kommend) und die D107 (von Osten aus Alba-la-Romaine kommend) zusammengeführt werden und kurz darauf den Fluss überqueren. Wenige 100 m östlich der modernen Brücke befindet sich die römische Brücke aus Stein mit elf erhaltenen Bögen. Sie stammt wahrscheinlich aus dem 2. Jh. n. Chr. Es gibt nur noch wenige erhaltene Brücken aus römischer Zeit, was diese Brücke zu einem echten Kleinod macht, zumal man sie zu Fuß oder mit dem Fahrrad immer noch überqueren kann. Allerdings hat sie die Jahrhunderte nur durch immer wieder durchgeführte Instandsetzungsmaßnahmen überstanden. So fällt bei näherem Hinsehen auf, dass die beiden nördlichen Bögen viel breiter sind als die übrigen. Sie wurden im 18. Jh. dort angebaut. Offensichtlich haben die Bauherren zugunsten der Effizienz auf die Beibehaltung der römischen Optik verzichtet, denn für die großen Bögen sind weniger Steine und auch weniger Pfeiler-Fundamente vonnöten.

Auf der Brücke sind noch Spurrillen im teilweise erhaltenen Pflaster erkennbar, aber auch dieses stammt aus späterer Zeit und wurde vermutlich mehrfach erneuert. Für unsere Verhältnisse erscheint die Brücke ziemlich schmal, doch die Spurrillen belegen, dass sie früher regelmäßig von Kutschen benutzt wurde.

Interessant sind außerdem die keilförmigen Pfeilerkonstruktionen, welche die Brücke gegen die Strömung verstärken. Im Sommer haben sie keine Funktion, da der Fluss dann kein oder sehr wenig Wasser führt. Im Winter jedoch lassen starke Regengüsse im Zentralmassiv den Wasserpegel steigen und sorgen für eine starke Strömung, die es zu römischer Zeit erfor-

Abb. 58 Viviers, römische Brücke über den Fluss Escoutay.

derlich gemacht hat, eine solide Steinbrücke zu errichten, um das Flussbett zu überqueren.

Auf Fotografien des frühen 20. Jhs. ist im südlichsten Brückenbogen ein vom Fluss abgetrennter Kanal zu erkennen, der durch den Norden von Viviers floss, dort von einem weiteren Bach gespeist wurde, um schließlich eine Mühle anzutreiben.

Die Brücke bietet einen kleinen Vorgeschmack auf die Altstadt von Viviers, die mit ihrer Kathedrale *Saint-Vincent*, welche sich dramatisch über dichtgedrängte Häuschen erhebt, unbedingt sehenswert ist.

Literatur:

Alix, X. et al: Les itinéraires gallo-romains en Rhône-Alpes. Lyon 2010. 80f.

Nein, in diesem Ort gibt es keine drei Schlösser, und der heilige Paul ist auch schon lange tot – die drei Schlösser haben sich aus einer Namensähnlichkeit zu den keltischen Gründern dieses Ortes ergeben: den Tricastinern, die mit Sicherheit von der günstigen Lage an der Via Agrippa profitierten ... und Trüffel verkauften?

33 SAINT-PAUL-TROIS-CHÂTEAUX – AUGUSTA TRICASTINORUM: TRÜFFEL SCHLEMMEN IN ZENTURIE DDIX CK V

FRANKREICH | Auvergne-Rhône-Alpes

Auf halbem Weg zwischen Acunum (Montélimar) und Arausio (Orange) gelangte man nach *Augusta Tricastinorum*, Hauptstadt der Tricastiner – heute begraben zwischen seichten Hügeln und Lavendelfeldern unter dem kleinen Ort Saint-Paul-Trois-Châteaux. Die antike Geschichte des Ortes gibt Rätsel auf, denn wir wissen wenig über sie: Z. B., dass der Ort im frühen 1. Jh., also zu augusteischer Zeit, mit einer ersten Mauer befestigt und im Zuge dessen wahrscheinlich auch zu einem römischen *oppidum* mit dem Namen Augusta Tricastinorum ausgebaut wurde. Die Befestigungsanlage war immerhin bis zu 6 m hoch und besaß mehrere Türme, von denen bisher aber erst zwei gefunden wurden. Das liegt daran, dass der Grundriss des *oppidums* nicht dem mittelalterlichen entspricht, der jedoch das heutige Stadtbild geprägt hat. Nur ein kleiner Teil der römischen Mauer am *Place de la Tour Neuve* deckt sich mit der späteren, hier wurde auch ein runder Wachturm gefunden. Weiter schnitt die römische Stadtmauer die jetzige Altstadt horizontal direkt unter der Kathedrale (Abb. 59), dort wurde der südliche Abschnitt eines weiteren, eckigen Turms nachgebaut und der Verlauf der Mauer wurde im Boden nachgezeichnet. Rekonstruiert man von dort aus nun den weiteren Verlauf der antiken Mauer, stellt man fest, dass das *oppidum* einen recht großen Teil der jetzigen Stadt westlich und südlich der Altstadt eingenommen haben muss. In den senkrecht zueinander verlaufenden Straßen *Rue du Serre-blanc* und der *Avenue des Coteaux du Tricastin* erkennt man leicht den Cardo und den Decumanus der römischen Stadt.

Einen weiteren Hinweis hat man im nahen Vaison-la-Romaine gefunden, in Form einer Steininschrift, die den Ort als Colonia Flavia Tricastinorum bezeichnet, was für seinen gehobenen Status während der Herrschaft eines flavischen Kaisers, möglicherweise Vespasian, spricht. Die dritte Spur befindet sich auf dem römischen Katasterplan B in Orange, auf dem man Augusta Tricastinorum in der Zenturie DDIX CK V identifiziert hat (siehe 34).

Abb. 59 *Cathédrale Notre-Dame de Saint-Paul-Trois-Châteaux.*

Die keltischen Einwohner dieser Gegend, die Tricastiner, haben bis heute den Namen der Ebene Tricastin geprägt, sowie, unglücklicherweise, auch den des nahe am Fluss gelegenen Atomkraftwerkes. Der zweite Teil des Ortsnamens, trois-Châteaux, ist ebenfalls aus dem ursprünglichen Namen herzuleiten, denn durch einen Schreibfehler oder durch die Ähnlichkeit zum lateinischen *tria* (drei) und *castrum* (Burg) wurde aus Tricastinorum *Tricastriorum*: drei Burgen. Saint-Paul hingegen fand seinen Weg als erster Bischof des Ortes in dessen Namen.

Der mediterrane Charme der Altstadt mit ihren bewachsenen Höfen, mittelalterlichen Torbögen und Brunnen entschädigt für die rar gesäte römische Ausbeute. Man sollte auch das kleine archäologische Museum nicht verpassen, das in einer überraschend modernen Ausstellung Alltagsgegenstände des *oppidums* ausstellt, mit vielen Funden aus einer großen Nekropole aus dem 1. und 2. Jh. und einem 108 m^2 großen Mosaik.

Bei allem historischen Interesse sollte man jedoch die Gaumengenüsse nicht vergessen, denn Saint-Paul-trois-Châteaux liegt inmitten des französischen Trüffelparadieses am Fuße des Mont Ventoux und ist berühmt für den schwarzen Trüffel von Tricastin. Trüffelsaison ist im Winter und so kann man zwischen Dezember und März jeden Sonntagmorgen auf dem *Marché aux truffes* frische Beute machen. Will man sich zusätzlich über die sog. schwarzen Diamanten informieren, lädt die *Maison de la Truffe et du Tricastin* zu einem kulinarischen Rundgang ein.

Literatur:

Alix, X. et al: Les itineraires gallo-romains en Rhône-Alpes. Lyon 2010. 72.

Bevor man Arausio betrat, wurde beim Durchschreiten des Ehrenbogens das eigene Gewissen auf die Probe gestellt: Bist du ein Römer oder den Römern wohlgesinnt? War man sich nicht so sicher, dienten die zahlreichen Darstellungen auf dem Bauwerk als Erinnerungsstütze, was geschehen würde, wenn nicht...

34 ORANGE – COLONIA IULIA SECUNDANORUM ARAUSIO: ZUTRITT NUR FÜR RÖMERFREUNDE

FRANKREICH — Provence-Alpes-Côte d'Azur

Die Vorstellung, eine Stadt zu betreten, in der die Orangenbäume blühen, oder in der der Sandstein der alten Häuser orange in der Sonne leuchtet, geht vom Namen dieses wunderbaren Ortes aus. Beides ist hier nicht ausgeschlossen, und doch hat der Name überhaupt nichts mit der Farbe zu tun, sondern entstand durch die klangliche Ähnlichkeit zum ursprünglichen Namen der Stadt – Arausio. Dies ist der Name eines ligurisch-keltischen Wassergottes, zu dessen Ehren hier in vorrömischer Zeit ein Quellenheiligtum angelegt wurde. Die Stadt wurde 36 v. Chr. von Octavian, dem späteren Augustus, mit den Veteranen der zweiten Legion besiedelt und zur römischen Kolonie erhoben. Ihm oder seinem Großonkel Iulius Caesar zu Ehren wurde deshalb zwischen 20 und 10 v. Chr. ein imposanter Ehrenbogen vor dem nördlichen Eingang der Stadt errichtet, den man durchqueren musste, wenn man über die Via Agrippa von Norden angereist kam. Diesen antiken Weg in das Stadtgebiet von Arausio kann man heute noch gut anhand der Landstraße D11 nachvollziehen, die schnurgerade in Nord-Südrichtung auf der Via-Agrippa-Trasse verläuft. Vor der Ortsgrenze wird sie kurz unterbrochen, hier muss man auf die D976 und dann wieder auf die N7 abbiegen, welche den antiken Straßenverlauf wiederaufnimmt und direkt auf den Ehrenborgen, den *Arc de Triomphe* (Abb. 60) von Orange zusteuert.

Von der Form einem Stadttor gar nicht unähnlich, musste man durch den Bogen hindurchschreiten, wenn man die Stadt betreten wollte. Geht man um ihn herum, merkt man aber schnell, dass dieses Bauwerk gar keine Verteidigungsfunktion hatte. Es gibt keine Anschlüsse für eine Mauer, die Durchgänge ließen sich nicht verschließen. Dafür fällt sofort die künstlerische Gestaltung ins Auge. Die drei Bögen des Tores werden von vier korinthischen Halbsäulen umfasst. Über den äußeren Toren sind sowohl auf der Vorder- als auch auf der Rückseite ineinander verkeilte Waffen und Schilde zu sehen. Das mittlere Tor wird von einem Dreiecksgiebel gekrönt, darüber befindet sich auf der gesamten Breite eine doppelte Attika (Überbau). Dabei ist die untere Hälfte links und rechts mit Ausschnitten einer Seeschlacht geschmückt, während auf der oberen Hälfte in der Mitte eine Schlacht von Fuß- und Reitersoldaten dargestellt ist. Auffällig schön ist auch die Kassettendecke in den Durchgängen, die schon fast arabisch anmutet. Auch die Vorder-, Rück- und Schmalseiten sind mit Reliefs verziert. Nicht ein praktischer Nutzen stand bei diesen Bauwerken im Vordergrund, sondern die Demonstration des römischen Selbstverständnisses. So sind auf Vorder- und Rückseite Szenen vermutlich tatsächlich geschlagener – und gewonnener – Schlachten zu sehen. Es könnte sich z. B. um die Unterwerfung Massilias (Marseille) durch Caesar 49 v. Chr. oder um die Schlacht bei Actium 31 v. Chr. handeln, in der Octavian Marcus Antonius und seine Flotte besiegte. Persönlicher wird es auf dem Relief an der westlichen Schmalseite, auf dem drei auf dem Boden kniende, an

Abb. 60 Orange, Ehrenbogen über der Via Agrippa.

einen Pfahl gefesselte – vermutlich gallische – Paare zu sehen sind, über ihnen drei römische Soldaten in voller Kriegsmontur. Diese Architektur und Gestaltung ist den Triumphbögen entlehnt, die in Rom zu Ehren siegreicher Feldherren errichtet wurden. Sie wurden typischerweise mit Kampfszenen der gewonnenen Schlachten verziert. Die in den Provinzen errichteten Ehrenbögen dienten vor allem auch der Machtdemonstration gegenüber den eroberten Völkern und symbolisierten die Folgen einer Widersetzung gegen die römische Macht. Solche Bögen waren meist noch mehrere 100 m vor dem eigentlichen Stadttor aufgestellt, sodass dem antiken Ankömmling frühzeitig und unzweideutig klargemacht wurde, dass er eine römische Stadt – in unserem Fall – im kolonialisierten Gallien betrat.

Die Bausubstanz des Ehrenbogens ist erstaunlich gut erhalten, ein Grund dafür ist der Umstand, dass das Bauwerk im Mittelalter in einen Wachturm umgewandelt und somit vor äußeren Einwirkungen geschützt wurde.

Gleich dem antiken Reisenden folgt man nun der Via Agrippa durch den Bogen hindurch nach Süden in die Stadt hinein, durchquert die Altstadt und steht bald einer kolossalen massiven Wand gegenüber, die den Himmel verdunkelt. Es ist die Rückwand des antiken Theaters – genau genommen die Rückwand des Bühnengebäudes, welches schon allein durch sein Vorhandensein dieses römische Theater (Abb. 61) zu dem am besten erhaltenen in ganz Europa macht. Der Eindruck von Größe bestätigt sich im Inneren. Während man rekonstruierte Sitzreihen antiker Theater in Frankreich gewöhnt ist, wird man von der Höhe der erhaltenen Bühnenwand regelrecht umgehauen. In einer großen Nische mehrere Meter über dem Boden winkt einem in erhabener Geste ein 3,55 m hoher Augustus aus Marmor – aus Bruchstücken rekonstruiert – entgegen. Von den Sitzreihen aus wirkt er inmitten der kolossalen Wand wie eine Puppe. In römischer Zeit waren die zahlreichen Nischen und Vorsprünge in der Wand mit Marmor verkleidet und wurden von vielen weiteren Statuen bewohnt. Sie wurde zu römischer Zeit durch ein Holzdach geschützt, heute ist es ein modernes Dach aus Glas. Auch zu Füßen der Bühnenwand geht es modern zu. Im Sommer ist ein moderner asymmetrischer Bühnenboden über den antiken gebaut, die halbrunde *orchestra* ist mit Orchesterbestuhlung ausgestattet. Jeden Sommer findet hier seit 1869 das Musikfestival *Chorégies d'Orange* statt, bei dem Opern und klassische Konzerte im Theater aufgeführt werden – der Besuch einer solchen Veranstaltung an einem lauen Sommerabend vor der bestrahlten antiken Theaterkulisse ist ein einzigartiges Erlebnis.

Auf der rechten Seite des Theaters befindet sich eine Ausgrabung, die die Fundamente eines in einem halbrunden Hof eingebetteten Gebäudes freigelegt hat. Es sind die Reste eines viereckigen, wahrscheinlich aus dem

Abb. 61 Orange, römisches Theater mit erhaltenem Bühnengebäude.

2. Jh. stammenden Tempels, der nach Süden hin eine halbrunde Apsis aufweist. Es ist ein Glück, dass der Teil des Geländes mit dem Tempel darauf ausgegraben werden konnte, denn der Rest wird von der Straße und der gegenüberliegenden Altstadt überdeckt.

Gegenüber dem Theater befindet sich das unscheinbare *Musée d'Art et Histoire*, in dem neben wunderbaren Fundstücken aus dem Theater – z. B. einem Zentaurenfries, der zentral an der Wand der *scaena* angebracht war – auch zwei schöne Steinsphinxen mit jeweils acht Zitzen und teilweise erhaltenen Flügeln ausgestellt sind, die ein Mausoleum aus dem 1. Jh. v. oder n. Chr. bewacht haben. Das Herzstück des Museums stellen sicherlich die drei Katasterpläne von Orange dar, die einzigen ihrer Art, die jemals gefunden wurden. Auf ihnen ist die Einteilung der Fläche von Orange und des angrenzenden Gebietes in Form von Zenturien, d. h., rechteckigen, mehrere 100 m messenden Flächen eingeteilt. Eine Inschrift lässt darauf schließen, dass der Vermessungsplan zur Rückerstattung von Grundstücken, die Augustus den Veteranen der zweiten Legion geschenkt hatte, angelegt wurde und dass er aus dem späten 1. Jh. stammt. Es sind insgesamt drei Pläne ausgestellt, die alle nur in Fragmenten erhalten sind. Man ist sich immer noch unklar darüber, welche Gebiete genau abgebildet sind bzw. wie weit der Plan reicht.

Literatur:

Cleere, H.: Southern France. Oxford Archeological Guides. New York 2001. 149–153.

Vielleicht war es eine Art Monaco für reiche Gallier und Römer, die dem Trubel der Rhône-Metropolen entfliehen wollten. Anders kann man sich kaum die große Anzahl benachbarter Villenkomplexe im antiken Vasio erklären. Zwischen Weinreben und im Schatten des mächtigen Mont Ventoux konnte man gewiss ein ruhiges luxuriöses Leben verbringen.

35 VAISON-LA-ROMAINE – VASIO: LÄNDLICHER WOHNLUXUS AM FUSSE DES MONT VENTOUX

FRANKREICH Provence-Alpes-Côte d'Azur

Von Arausio führte eine Ausfallstraße nach Osten, dem Mont Ventoux entgegen. Dieser Berg übte dank seiner exponierten unverkennbaren Lage und Form seit jeher eine große Anziehungskraft auf die Menschen aus. Den Kelten hat er vermutlich als Heiligtum gedient – heilig ist er heute vor allem den Radsportlern, die diesen wohl legendärsten Gipfel der Tour de France wegen seines steilen Anstieges fürchten. Vor der Kulisse dieses mächtigen Berges lag Vasio, die Hauptstadt der Vocontier. Auch dieser keltische Stamm wusste sich mit den römischen Machthabern zu arrangieren und wurde dafür mit typischen römischen Bauwerken wie einem Theater und Forum ausgestattet. Recht ungewöhnlich an diesem kleinen und recht abseits gelegenen Ort ist die Häufung weitläufiger Villen, zumal er weder für die Produktion handwerklicher Güter noch als Handels- oder Pilgerort bekannt ist. Deshalb liegt der Schluss nahe, dass sich an diesem idyllischen Plätzchen reiche Familien angesiedelt haben, die Landwirtschaft betrieben und abseits vom urbanen Treiben in Orange ein ruhiges Leben führten. Man kann sich also vorstellen, dass auf der Straße von Arausio Sklaven unterwegs waren, die in die Großstadt geschickt worden waren, um vielleicht ausländische und besondere Waren einzukaufen, die man hier, so weit ab vom Schuss, nicht erwerben konnte. Frischer Meeresfisch dürfte allerdings nicht dazugehört haben, denn am Ende der ca. 30 km langen Tour dürfte der seine Frische verloren haben.
Während das Forum und der administrative Bereich von Vasio heute von der modernen Bebauung überdeckt sind, kann man auf zwei Ausgrabungsarealen die Grundrisse mehrerer luxuriöser Villenkomplexe von jeweils mehreren tausend Quadratmetern besichtigen sowie auch das teilweise rekonstruierte Theater auf dem Hügel Puymin.

Die Grabungsareale befinden sich zu beiden Seiten der *Avenue du Géneral de Gaulle*, auf der westlichen Seite liegt das antike Viertel Vilasse (Abb. 62) und auf der östlichen das Viertel auf dem Puymin-Hügel. Hier steht auch das archäologische Museum. Darin werden die während der Ausgrabungen gefundenen Artefakte vorgestellt, allen voran zwei sehr gut erhaltene Statuen (mit Kopf!), die Kaiser Hadrian, der von 117 bis 138 n. Chr. herrschte, und vermutlich seine Frau Sabine darstellen. Die Statuen wurden bei der Bühne des Theaters gefunden, deshalb vermutet man, dass sie in den Nischen der *scaena* aufgestellt waren. Hadrian war ein Freund der Künste und der griechischen Kultur, was sich in seiner Darstellung widerspiegelt. So ist er, im Gegensatz zu früheren Kaiserdarstellungen, mit nacktem Körper und einem gelockten Bart dargestellt – eine griechische Mode, die er bei den traditionell bartlosen Römern wieder salonfähig machte.

Am Fuße des Hügels Puymin befinden sich entlang einer gepflasterten Straße u. a. die Fundamente der 2.000 und 3.000 m² großen Villen *Maison a l'Apollon lauré* und *Maison a la Tonelle* sowie ein kleines Nymphäum, also ein den Nymphen geweihtes Wasserheiligtum. Läuft man den Hügel Puymin hinauf, durchquert man einen in den Fels gehauenen Schacht und gelangt zum römischen Theater, das sich in die Rückseite des Hügels schmiegt. Der gute Zustand ist den Rekonstruktionsarbeiten in den 30er Jahren zu verdanken, denn ursprünglich waren nur wenige Sitzreihen und die Bühnenfundamente erhalten.

Auf der anderen Straßenseite im antiken Viertel Vilasse kann man die breite Ladenstraße entlangwandeln oder durch die Ruinen zweier weiterer ausladender Wohnkomplexe klettern: Die *Maison du Buste en Argent*, benannt nach einer darin gefundenen Silberbüste eines reichen Mannes oder

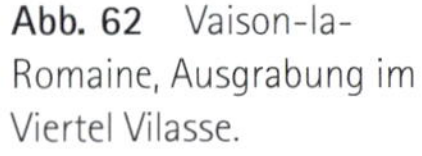

Abb. 62 Vaison-la-Romaine, Ausgrabung im Viertel Vilasse.

Abb. 63 Vaison-la-Romaine, römische Brücke.

Kaisers, hat eine Grundfläche von 5.000 m^2 und setzt sich aus zahlreichen hintereinanderliegenden Zimmern und Innenhöfen zusammen. Daran angrenzend befindet sich eine zweite Luxusvilla, die *Maison au Dauphin*, die sich in mehreren Um- und Ausbauphasen aus einem bescheidenen Haus entwickelt hat.

Schlendert man nach dem Besuch der Ausgrabungen nach Süden durch die belebte Altstadt, erblickt man unweigerlich den höchsten Punkt oberhalb der Stadt. Auf diesem thront noch heute die Ruine der Burg des Grafen Raymond VI. von Toulouse aus dem 12. Jh., deren Bau 1195 die Bewohner des weiter unten gelegenen Ortes zum Umzug in die geschütztere Oberstadt veranlasste. Dadurch wiederum blieben die in der Unterstadt gelegenen Ruinen der römischen Vorgängerstadt zu großen Teilen erhalten. Um in diese mittelalterliche Oberstadt mit der Grafenburg zu gelangen, muss man den Fluss Ouvèze auf einer steinernen Brücke (Abb. 63) überqueren. Sie ist eine der wenigen römischen Brücken, die heute noch benutzt werden, und da sie aus dem 1. Jh. stammt, auch eine der ältesten. Um ihre Form zu bewundern, muss man ein paar Meter Richtung Osten am Ufer entlanglaufen, um in das – im Sommer durch ein natürliches Kiesbett umsäumte – Flussbett hinunter zu steigen. Von hier aus erkennt man, dass die Brücke lediglich aus einem Bogen besteht, der den Fluss überspannt. Ihre Bausubstanz ist bis auf die erneuerte Fahrbahn original. Direkt von unten erkennt man, dass die verwendeten Steine verhältnismäßig klein gegenüber anderen römischen Bauwerken sind. Umso erstaunlicher, dass diese kleine Brücke die Zeiten überdauert und auch starken Überschwemmungen wie zuletzt im Jahr 1992 standgehalten hat. An heißen Tagen kann man diesen kulturellen Genuss mit einer Abkühlung verbinden, denn das klare Wasser des Ouvèze lädt direkt vor der Brücke zum Baden ein.

Literatur:

Cleere, H.: Southern France. Oxford Archeological Guides. New York 2001. 168–175.

Die Schönheit der hiesigen Weizenfelder war es, die Vincent van Gogh hierherlockte und um den Verstand brachte. Eine Quelle mit Heilkräften hingegen brachte die ersten Kelten im 7. Jh. v. Chr. an diesen Ort und verhalf ihnen zu prosperierendem Wohlstand, was allein der antike Eingang in die erst hellenistisch, dann römisch geprägte Stadt zeigt.

36 SAINT-RÉMY DE PROVENCE – GLANUM: REICHE SALLUVIERSTADT IN VAN GOGHS WEIZENFELDERN

FRANKREICH | Provence-Alpes-Côte d'Azur

Mehrere Wege führten zu römischer Zeit nach Arelate, u. a. auch einer von der italienischen Grenze, der über Aquis Sextis (Aix-en-Provence) führte. Die vorletzte Station dieser Straße vor Arelate war Glanum, gelegen im Herzen der Bergkette *Alpilles* zwischen Avignon und Arles bei dem heutigen kleinen Touristenort Saint-Rémy de Provence.

Die geschützte Lage des Ortes, der von drei Seiten von den markanten Felsen der Alpillen umrahmt und durch einen schmalen Bergpass erreichbar ist, hat schon lange vor der römischen Zeit erste Menschen zum Siedeln hierhergelockt. Im 7. und 6. Jh. v. Chr. wurde ein keltischer Stamm, die Salluvier, an diesem Ort sesshaft. Der Hauptgrund hierfür war neben der strategisch günstigen Lage wohl eine Quelle, die von den Kelten als Heiligtum genutzt wurde. Dieses war dem keltischen Heilgott Glan geweiht, der dem Ort seinen späteren Namen *glanum* gab. Die Bedeutung der Quelle bzw. des Heiligtums für den Ort wird also schon aus dessen Namen heraus deutlich.

Durch den Kontakt mit den griechischen Kolonien der Mittelmeerküste und dem daraus resultierenden Handel kam Glanum schon im 2. Jh. v. Chr. zu größerem Wohlstand, der es erlaubte, das gallische *oppidum* zu einer hellenistisch geprägten Stadt auszubauen. So zeigt die Ausgrabung z. B. eine *agora* (Versammlungsplatz) und ein *bouleuterion* (Versammlungshalle) aus dieser Epoche.

Während der Eroberung des Gebietes durch die Römer und der Unterwerfung der Salluvier 125 v. Chr. wurden viele Gebäude zerstört und die Stadt erholte sich nur langsam von den vielen gescheiterten Revolten gegen die Römer. Es folgte eine zweite, römisch geprägte Bauphase mit Gebäuden, die weit weniger prächtig waren als die vorherigen. Dennoch blieb Glanum eine reiche Stadt, was man u. a. an dem erhaltenen Mausoleum erkennen kann, das auf ca. 40 v. Chr. datiert wird. Glanum erhielt unter der Herrschaft des Augustus den Titel *oppidum Latinum*, wodurch es u. a. Mitgliedern der Oberschicht gestattet war, mit der Ausübung eines Amtes das römische Bürgerrecht zu erlangen.

Ein jähes Ende fand Glanum im Jahre 260 n. Chr. mit den Einfällen der Allemannen, welche die Einwohner zur Flucht zwangen. Sie ließen sich in einem Gebiet einige Kilometer weiter nördlich nieder, dem heutigen Saint-Rémy de Provence.

Les Antiques

Kommt man die Straße von Saint-Rémy aus nach Süden gefahren, fallen einem als erstes die beiden sehr gut erhaltenen, von den Einheimischen nur *Les Antiques* (Abb. 64) genannten, römischen Monumente am Straßenrand auf, ein Mausoleum und ein Ehrenbogen. Bis ins 20. Jh. waren für viele 100 Jahre der Ehrenbogen und das Grabmonument die einzigen sichtbaren Zeugen der antiken Stadt. Schon durch Reisende im 16. und 17. Jh. viel beschrieben, begannen doch die ersten systematischen Ausgrabungen Glanums erst 1921. Im Jahr 2008 wurden die Fassaden der beiden Monumente von Ruß befreit, sodass sie nun wieder in hellem Glanz erstrahlen.

Ähnlich wie in Orange weiß man an dieser Stelle, genau wie einst der antike Besucher, dass man sich nun vor dem Eingang einer römischen Stadt befindet. Leider hat dieser Ehrenbogen, der gegen Ende der Regierungszeit des Augustus (ca. 10 n. Chr.) gebaut worden ist, der Zeit nicht so gut widerstehen können. Zwar ist seine wunderschön gearbeitete Kasset-

Abb. 64 Glanum, *Les Antiques*: Ehrenbogen und Mausoleum.

tendecke erhalten, doch der gesamte Überbau fehlt. Immerhin sind die Verzierungen an Vorder- und Rückseite erhalten geblieben. Auf dem linken Relief der Außenseite spielt sich möglicherweise ein kleines Familiendrama ab. Auf der Schulter eines (wahrscheinlich keltischen) Gefangenen, dessen Hände auf dem Rücken gefesselt sind, ruht die Hand einer kleineren Gestalt, fast in einer besänftigenden Geste. Ihr Mantel ist keltisch, doch nach römischer Art gerafft. Möglicherweise handelt es sich bei der Figur um den Sohn des Gefangenen oder um einen anderen Kelten, der die römische Kultur angenommen hat. Der Kopf fehlt, doch die Geste scheint zu sagen: Nun siehst Du, was Du von Deinem Ungehorsam hast. Der Gefangene wendet dem Kleineren sein Gesicht zu, leider kann man den Gesichtsausdruck nicht mehr erkennen. War er starrköpfig oder einsichtig?
Direkt neben dem Bogen befindet sich ein aufwändiges und sensationell gut erhaltenes Mausoleum, das besser kaum platziert hätte werden können: direkt neben dem Ehrenbogen unmittelbar vor dem Eingang der Stadt. Der Stifter dieses Denkmals hat somit sichergestellt, dass es die Aufmerksamkeit eines jeden, der die Stadt betritt oder verlässt, auf sich lenkt. Vermutlich war es mit seinen 18 m Höhe und der aufwendigen Gestaltung das größte und schönste Grabmonument der Nekropole, die sich hier außerhalb der Stadtmauer entlang der Ausfallstraße hinzog.
Die Inschrift an der Nordseite auf dem Architraven des 18 m hohen Mausoleums zeugt heute noch von dessen Funktion:

SEX L. M. IVLIEI C. F. PARENTIBUS SVEIS
„Sextus, Lucius und Marcus Iulius, Söhne des Gaius [haben diese Grabstätte] ihren Eltern [gestiftet].“

Es ist ein Grabmonument für die Eltern der drei Stifter, wobei es sich interessanterweise bei den beiden Statuen im Tempelrundbau (*tholos*), der das Mausoleum krönt, um Männer handelt. Es wird vermutet, dass die zweite Statue den ältesten Bruder der Stifter darstellt.
Das Mausoleum besteht aus drei übereinanderliegenden Ebenen. Die unterste ist ein innen hohler quadratischer Sockel, der an allen Seiten mit Reliefs, die verschiedene mythologische Kampf- und Jagdszenen darstellen, verziert ist. Hier lohnt es sich, die sehr gut erhaltenen Details genauer zu betrachten. Auf dem Relief unterhalb der Inschrift ist eine Schlachtszene dargestellt. Die Szene wirkt durch die unterschiedlichen Haltungen der Reiter und Rosse sehr lebendig, so lebendig, dass ein Pferdeschweif und eine Waffe auf der linken Seite das Relief verlassen und auf den angrenzenden Steinblock (Pilaster) übergehen.
Auf dem östlichen Relief links neben dem Kampfgetümmel hat der bzw. die Künstler noch einmal die im Mausoleum bestattete Familie dargestellt. Man erkennt rechts eine Frau, wahrscheinlich die Mutter, einen bärtigen

Mann in der Mitte, vermutlich den Vater, und links einen jüngeren Mann, das könnte der oben erwähnte älteste Bruder der Stifter sein.

Die Urnen und Grabbeigaben aus dem Hohlraum des Sockels sind Grabräubern zum Opfer gefallen. Der über dem Sockel befindliche vierseitige Bogen (Quadrifons) wird von vier korinthischen Säulen begrenzt, darüber befindet sich der kleine runde Tempelbau mit den Statuen. Dieser ist mit einem runden, spitz zulaufenden Dach abgedeckt.

Ausgrabung

Durch den Ehrenbogen ging man früher direkt auf die Stadt zu, heute muss man die Landstraße überqueren und sich im Museumsladen erst einmal ein Ticket kaufen. Die antike Straße ist erst wieder innerhalb der Ausgrabung sichtbar. Auf ihr kann man durch die stolzen Überreste Glanums wandeln (Abb. 65). Die verschiedenen Bauphasen und Ausdehnungen der Stadt sind auf Tafeln anschaulich nachgezeichnet.
Besonders beeindruckend sind die Überreste der Kurie aus römischer Zeit, deren Mauern auf der linken Seite etwa auf halbem Weg durch die Ausgrabung noch recht weit in die Höhe ragen, außerdem die erwähnte Heilquelle einige Meter dahinter, zu der man durch ein rechtwinkliges Treppenhaus hinabsteigt. Einen Eindruck früherer Pracht erhält man außerdem durch die z.T. rekonstruierte Ecke eines Tempels, der schon ca. 20 v. Chr. Teil eines Zwillingstempel-Komplexes war, der zu römischer Zeit in das zweite Forum integriert und dem Kaiserkult gewidmet wurde.
Nachdem man Glanum auf der antiken Straße durchquert hat, führt der Rundweg auf einem Felsen oberhalb der Ausgrabung entlang. Von dort hat man einen wunderbaren Ausblick auf das Gelände, und kann nicht nur Saint-Rémy sehen, sondern an guten Tagen sogar den Hügel Saint Eutrope, an dessen Nordseite Orange gebaut ist.
Nach der Besichtigung der Grabung kann man zum nahe gelegenen Stausee *Barrage du Peirout* wandern, der die Wasserversorgung Glanums sicherte. Durch den Bau eines neuen Staudamms am Ende des 19. Jhs. wurde der an gleicher Stelle stehende römische Staudamm aus dem 1. Jh. v. Chr., einer der ersten seiner Art, leider vollständig vernichtet.

Saint-Rémy und das Museum Hôtel de Sade

Auf dem Weg von Glanum nach Saint-Rémy durchquert man die wogenden Felder, die schon Vincent van Gogh inspirierten. An der Straße nähe Glanum liegt auch die Heilanstalt, in der der große Maler seine letzten Tage verbracht hat. Es ist eher sein Geist, der die Altstadt von Saint-Rémy belebt, weniger der römische. Eine Ausnahme bildet das 2015 neu eröff-

Abb. 65 Ausgrabungsstätte von Glanum.

nete Museum *Hôtel de Sade*, ein aus dem 15. Jh. stammendes Gebäude im Herzen der Altstadt. Dort sind einige wenige Fundstücke aus Glanum, z. B. Statuen, in heimeliger Atmosphäre ausgestellt, und man kann allgemeine Informationen über Glanum und die Ausgrabung nachlesen. Der Höhepunkt dieses Museums besteht in dessen Innenhof, in dem man eine römische Hypokaustenheizung gefunden hat, die zu einem Badekomplex gehört und zu besichtigen ist.

Literatur:

Roth-Conges, A. et al: Glanum. Vom kelto-ligurischen Oppidum zur gallo-römischen Stadt. Neuauflage, Baume-les Dames 2012.

Um von Glanum auf direktem Wege nach Arelate zu gelangen, musste man einen steilen, tiefen Felshang hinunter. An diesem Hang befand sich auch eine vom Tal her weithin sichtbare (und hörbare) hydraulische Mühlenkonstruktion, die die Einwohner von Arelate mit frisch gemahlenem Getreide versorgte.

37 FONTVIELLE – DIE WASSERMÜHLEN VON BARBEGAL: IM ZWILLINGSAQUÄDUKT ZUM ABGRUND

FRANKREICH Provence-Alpes-Côte d'Azur

Von Glanum aus führte die Straße vermutlich nicht direkt nach Arelate, sondern über Ernagina (heute wahrscheinlich Saint-Gabriel), wo sie sich mit der Via Agrippa traf. Offenbar war der direkte Weg durch die Tiefebene um Arelate einfach zu sumpfig, um ihn stabil auszubauen. Suchte nun doch jemand nach einer Abkürzung, um in die Großstadt zu gelangen, kam er wahrscheinlich an den sog. Wassermühlen von Barbegal (Abb. 66) vorbei, die den Übergang von den südlichen Ausläufern der Alpillen zum Tiefland nordöstlich von Arelate markierten. Man musste nur dem Aquädukt folgen, der sich nach Süden durch den Wald schnitt, oder seinen Ohren folgen, denn das Rauschen von stürzendem Wasser und das Dröhnen der Mühlwerke muss ohrenbetäubend gewesen sein. Vielleicht war es dann möglich, den Treppenstufen entlang der Mühlanlage den Hang hinunter bis in die Ebene zu folgen.
Diese im römischen Reich (nach unserem Wissensstand) einzigartige Anlage enthielt auf einer Breite von 20 m zwei Reihen à jeweils acht übereinanderliegende, also insgesamt 16 Mühlen, die treppenartig den Hang hinab gebaut waren. Das Wasser überwand auf einer Länge von 61 m einen Höhenunterschied von 18 m und ermöglichte mit der dadurch generierten Kraft das Mahlen von ca. 4,5 Tonnen Mehl am Tag.
Die Ursprünge dieser interessanten Konstruktion gehen auf zwei Aquädukte aus augusteischer Zeit oder spätestens dem 1. Jh. zurück, die etwas nördlich der Mühle in den Alpillen zu einer Wasserleitung zusammenliefen, die weiter bis Arelate floss. Vermutlich Anfang des 2. Jhs. unter Kaiser Traian erfolgte dann eine Modifizierung der Wasserleitung. Vor dem Zusammenlaufen der beiden Zuflüsse wurde die von Osten kommende Leitung geteilt und ein zur Hauptleitung parallel verlaufender Aquädukt gebaut. Während die ursprüngliche Leitung weiterhin Arelate mit Wasser versorgte, wurde die neue Leitung direkt nach Süden zum Hang geleitet, um dort die enorme hydraulische Mühle anzutreiben. Wer also im späten 1. Jh. die Abkürzung suchte, sah zwei direkt nebeneinanderstehende Aquädukte, die ihn zum Hang führten.

Abb. 66 (oben links) Reste der hydraulischen Getreidemuhlen von Barbegal, im Hintergrund die Tiefebene um Arles.

Abb. 67 (oben rechts) Mündung des Aquädukts in den Felsschacht, der zur Mühlenanlage führt.

Rätselhaft bleibt die Frage, unter welchen Umständen und zu welchem Zweck genau die Mühle erbaut worden ist. Man geht heute davon aus, dass sie vor allem der Versorgung der Bevölkerung von Arelate mit Mehl diente, ältere Hypothesen wiederum gehen davon aus, dass das Mehl zur Versorgung des Militärs und zum Export produziert wurde. Unklar ist auch, ob sich die Mühle in staatlichem oder privatem Besitz befand. Vermutlich hat sie jedoch nur etwa 100 Jahre, also bis zum Beginn des 3. Jhs. funktioniert.

Heute erreicht man den doppelten Aquädukt und die Mühlenanlage, wenn man südlich von Fontvielle der D33 nach Süden folgt, bis man nach ca. 2 km links in die *Route de l'Acqueduc* abbiegt. Schon nach wenigen 100 m wird der Straßenverlauf von einer ziemlich ruinösen Aquäduktbrücke gequert. Wenn man ihrem Verlauf nach links in den Wald hinein zu Fuß folgt, kommt sie dort aus dem Berg heraus. Man kann unschwer erkennen, welcher der ältere und welcher der jüngere Aquädukt ist. Folgt man der Wasserleitung nun nach Süden, werden die Ruinen höher, hier merkt man das leicht abschüssige Gelände. Doch schon bald steigt das Gelände wieder an und die Aquädukte münden in einen kahlen Felsen (Abb. 67). In diesen wurde ein tiefer, nach oben offener Schacht getrieben, durch den früher das Wasser der linken Leitung floss, während die rechte Leitung vorher nach rechts abbiegt und im Dickicht verschwindet. Durchquert man den Felsschacht, steht man direkt vor einem ziemlich steilen, tiefen Abhang, hinter dem sich das flache bewirtschaftete Land östlich von Arles auftut. Am Hang hinter dem Schacht im Felsen erkennt man die Ruinen der Mühlen, die sich bis nach unten zur Ebene ziehen.

Um sich das frühere Aussehen und die Funktionsweise der Mühlen besser vorstellen zu können, sollte man sich das entsprechende Modell im *Musée départemental Arles antique* anschauen.

Literatur:

Leveau, Philippe: Les moulins de Barbegal (1986–2006). Aix-en-Provence 2006. Online unter www.traianvs.net.

In dieser quirligen Durchgangsstadt war das Ende der Via Agrippa erreicht – und zahlreiche Wege in alle Richtungen des Imperiums taten sich auf. Wer heute Arles besucht, will doch eher ein Weilchen bleiben, denn neben dem Genuss der antiken Bauwerke erlaubt das mediterrane Klima lange Abende in den Restaurants auf den Straßen, die auch van Gogh zu seinem berühmten Bild einer Caféterrasse bei Nacht inspiriert haben.

38 ARLES – COLONIA IULIA PATERNA ARELATE SEXTANORUM: ENDE UND ANFANG VIELER WEGE

FRANKREICH — Provence-Alpes-Côte d'Azur

Auf einem Kalkfelsen inmitten einer Sumpflandschaft des Rhône-Deltas erhebt sich schon seit prähistorischer Zeit auf einem Felsplateau eine Siedlung, die schon von den Griechen Arelate – Stadt im Sumpf – genannt wurde. Den sumpfigen Charakter der Landschaft erkennt man noch heute an den in der Umgebung von Arles zahlreich vorhandenen Entwässerungskanälen sowie an der im Sommer regelmäßig auftretenden Mückenplage.

Arelate stellte als letzter Hafen am Unterlauf der Rhône und Endpunkt der Via Agrippa ein zentrales Drehkreuz für den Handel zwischen dem Mittelmeer und dem gallischen, helvetischen und germanischen Raum bis Britannien dar. Der 104 v. Chr. errichtete Kanal von Arelate nach Fossae Marianae (bei Fos-sur-Mer) zementierte nur diese Bedeutung, denn damit waren Schifftransporte über Arelate direkt vom Seehafen Massilia (Marseille) aus möglich. Dies und der Umstand, dass Caesar die Stadt, in der die Veteranen der 6. Legion angesiedelt waren, nach der Unterwerfung des bis dahin griechischen Massilias Arelate zur römischen Kolonie ernannte, bescherte der Stadt einen raschen Aufschwung von Kultur, Architektur und Handel.

Man kann sich vorstellen, wie erleichternd es für Reisende, die den ganzen Weg aus Germanien gekommen waren, gewesen sein muss, Arelate endlich erreicht zu haben. Endlich wieder näher am (zivilisierten) Herzen des Imperiums! Das milde Klima und die mediterrane Sonne machten die Muskeln geschmeidiger und die Ladung leichter. Außerdem hieß es auf-, ab- und umladen. Für die wenigsten nämlich wird hier die Reise zu Ende gewesen sein: Wer auf dem Seeweg weiter nach Italien, Spanien oder Ägypten wollte, stieg hier auf ein Schiff um oder fuhr weiter bis nach Fossae Marianae zum großen Hafen. Von Arelate aus konnte man auch auf dem Landweg in alle Richtungen fahren, das Ende der einen war nur der Anfang von drei anderen Straßen.

Noch zu Caesars Zeiten wurden die z. T. noch heute erhaltenen Bauwerke wie das Theater oder das Forum errichtet. Sein Ansehen baute Arelate über

300 Jahre weiter aus, was auch im Jahre 308 n. Chr. Kaiser Konstantin dazu veranlasste, sich hier zeitweise niederzulassen. Das imposanteste Relikt seiner Residenzzeit in Arelate sind – das kennen wir schon aus Trier – die nach ihm benannten Thermen. Diese konnte man auch von der Rhône aus sehen, freilich erst im frühen 4. Jh. Wie auch in Augusta Treverorum waren Konstantins Vorstellungen hier nicht bescheiden, die Gesamtanlage hatte eine Fläche von 3.750 m^2, wovon heute nur noch das nördliche Drittel erhalten ist. Offenbar wurde diese Badeanlage allerdings tatsächlich benutzt! Beim Gang durch die größtenteils in ihrem Originalzustand erhaltene Ruine fühlt man sich wie in einem eindrucksvollen Labyrinth, in dem hinter jeder Ecke etwas Neues wartet. So fällt beim genauen Hinsehen der mit gelben und roten Steinplatten ausgelegte Fußboden auf, der merkwürdige Unregelmäßigkeiten in seiner Musterung zeigt. Die Kacheln sind zerbrochen und z. T. wahllos wieder zusammengesetzt worden. Einige Kacheln weisen ein halbkreisförmiges Muster auf. Man kann nur rätseln, wie dieses im Zusammenspiel der Kacheln in der richtigen Anordnung einmal ausgesehen haben könnte. An mehreren Stellen sieht man die z. T. gut erhaltene Hypokaustenheizung, an den Wänden zeugen später eingebaute und wieder zugemauerte Durchgänge von der Veränderung und unterschiedlichen Nutzung des Gebäudes. Besonders gut erhalten ist die Kuppel des im Halbrund angelegten *caldariums* (Heißwasserbad), welche mit drei modernen Fenstern ausgestattet wurde.
Konstantin freilich konnte sein Ei ins gemachte Nest legen, denn die Stadt wurde zu seiner Zeit immer noch vornehmlich von den repräsentativen Bauten seiner Vorgänger aus den vergangenen drei Jahrhunderten geprägt – begonnen mit der Stadtmauer, die noch aus augusteischer Zeit stammt. Das am besten erhaltene Relikt dieser Befestigungsanlage ist die weiß in der Sonne funkelnde Ruine des Turms *Tour des Mourgues*. Er bildet die südöstliche Ecke der antiken Stadtmauer, die vor allem in nördlicher Richtung noch erhalten ist. Seit ihrem Bau wurden zahlreiche Änderungen an der Mauer und den Türmen vorgenommen. So war der Turm ursprünglich rund und nicht, wie heute, nach außen hin eckig. Auch war das Bodenniveau damals dem der Stadt angeglichen, heute blickt man zu dem eigentlich 6 m hohen Turm auf, der Niveauunterschied wird auch am Sockel deutlich, der sich unterhalb der Mauerung noch deutlich in den Stein hineingräbt. Etwas weiter nördlich entlang der Stadtmauer erhebt sich noch viel weiter oben – der *Boulevard Émile-Combes* selbst fällt deutlich ab – das römische Haupttor zur Stadt, die *Porte d'Auguste* oder *Porte de la Redoute*. Zu erkennen ist sie nur durch die zwei halbrunden Türme, die in 35 m Abstand aus der Mauer ragen. Der Durchgang wurde schon im Mittelalter zugemauert. Unterhalb des Tores befindet sich, unauffällig in den Felsen gehauen, ein Aquädukt, der Arles mit Wasser aus den Alpillen versorgte. Leider sind weder Turm, Tor noch Aquädukt zugänglich, sondern nur von außen zu bewundern. Die In-

Abb. 68 Arles, Amphitheater.

nenseiten befinden sich jeweils in Privatbesitz, das Augustustor ist sogar von innen mit einem Gebäude zugebaut.

Noch älter ist das Theater. Es stammt aus den letzten Jahrzehnten des 1. Jhs. v. Chr., als Arelate eine frischgebackene römische Kolonie war. Da es in Arelate keinen Hang gab, an den die Römer das Theater anlehnen konnten, bauten sie es mitten in die Stadt auf den felsigen Untergrund. Der Zuschauerraum, die *cavea*, wurde durch eine dreistöckige Galerie begrenzt. So besaß das Theater keine exponierte oder erhöhte Lage, dafür aber ein eindrucksvolles Erscheinungsbild ähnlich dem Amphitheater. Heute sind neben den Sitzreihen nur noch sehr wenige Bögen dieser Galerie erhalten, auch von den übrigen Teilen des Theaters erkennt man nur noch den Grundriss und wenige Steine. Grund dafür ist u. a. der Bau der nahegelegenen Bischofskirche St. Trophime, für deren Bau im 12. Jh. viele Steine aus dem Theater geraubt wurden. Die Anlage erinnert in Größe (102 m Durchmesser und Platz für ca. 10.000 Zuschauer) und Pracht – es wurden wertvolle Statuen und Relikte gefunden, z. B. ein großer Apollo-Altar aus Marmor, der im Antikenmuseum zu bewundern ist – an die in Orange. Auffällig ist ein Aufbau über dem Eingang links zwischen den Rängen und der *orchestra*. Der Turm mit dem Namen *Tour de Roland* ist Zeugnis der Epoche der Völkerwanderung ab dem späten 4. Jh., denn zu dieser Zeit wurde das Theater in eine Verteidigungsanlage umgebaut.

Blickt man durch einen Zuschauereingang nach Nordosten über den *Place Bornier*, sieht man zwischen den Häusern bereits das benachbarte Amphitheater (Abb. 68). Im Gegensatz zum Theater ist das ovale Gebäude fast vollständig in seiner Höhe erhalten geblieben – nur der obere Abschluss, an dem die Sonnensegel angebracht waren, fehlt. Dies ist keineswegs

durch eine bessere Bausubstanz zu erklären, sondern durch den Umstand, dass das Theater seit dem Mittelalter bewohnt war – eine Zeichnung von 1686 bezeugt, dass man im Innern des Gebäudes eine regelrecht eigene Stadt erbaut hatte, mit Wohnhäusern, eigenen Straßen und sogar mehreren Kirchen. Im Zentrum gab es einen *Place Rèpublique* mit einer Kapelle, in der die Knochen des lokalen Märtyrers Saint Genès aufbewahrt wurden. Genés wurde berühmt, indem er sich weigerte, das von Kaiser Diokletian zu Beginn des 4. Jhs. auferlegte Dekret zur Christenverfolgung niederzuschreiben, woraufhin er enthauptet wurde.
Wie beim Theater sieht man auch hier im Nachhinein aufgebaute Türme, die aus der Periode der Völkerwanderung stammen. Erklimmt man den nördlichen Turm, hat man nicht nur einen wunderbaren Blick über die gesamte Anlage, sondern auch über die Altstadt.
Das Amphitheater ist ca. 150 Jahre jünger als das Theater nebenan. Die neue geschlossene Form des Theaters wurde erst in der Kaiserzeit, also im 1. Jh. n. Chr. erfunden, womit sich die Römer architektonisch von der griechischen Bauweise des halbrunden Theaters emanzipierten. Vermutlich ist das Amphitheater von Arles nach dem Vorbild des Kolosseums in Rom (80 n. Chr.) kurz nach dessen Fertigstellung erbaut worden. Mit 60 statt 80 Bögen und zwei statt drei Galerien ist es deutlich kleiner als das römische Vorbild, doch der Durchmesser der Längsachse von 136 und der Querachse von 107 m sowie die Gesamthöhe von 21 m macht es größer als das in Nîmes und zu einem beeindruckenden Bauwerk, das ca. 20.000 Zuschauer fasste. Der Sandboden der Arena ist heute vor allem im Sommer genauso gepflegt wie in römischer Zeit, denn regelmäßig finden hier die modernen Gladiatorenspiele – Stierkämpfe – statt.
Ein Stück weiter nach Osten, am *Place du Forum*, verbinden sich die römischen Ursprünge der Stadt mit europäischer Malereigeschichte. Steht man an der östlichen Seite des Platzes mit Blick nach Süden, erblickt man, eingemauert in das Hotel Nord-Pinus, zwei Säulen und ein Stück des Kapitells jenes Tempels, der zu römischer Zeit Teil des monumentalen Zentrums der Stadt war und an das Forum angrenzte – welches übrigens weitaus größer war als der heutige Platz. Es maß ca. 3.000 m^2 und reichte bis zum heutigen *Hôtel de Ville*.
Linkerhand des Tempelrestes auf der anderen Straßenseite kommt einem der Anblick des hiesigen Cafés, besonders am Abend, seltsam bekannt vor. An dieser Stelle befand sich einst tatsächlich jenes Café, welches van Gogh 1888 gemalt hat. Der Künstler hat dieses Bild von hier aus nicht nur vorgezeichnet, sondern direkt in Öl gemalt, um die Lichtstimmung der Straßenlaternen einzufangen. Das Café, das sich heute an dieser Stelle befindet, hat man deshalb auch gleich mit gelber Farbe gestrichen, damit sich die Lichtstimmung den ganzen Tag lang wiedererkennen lässt. Der Zustand, den wir heute sehen, ist van Goghs Bild nachempfunden und wurde

Abb. 69 (oben links) Arles, Sarkophage auf der antiken Gräberstraße *Les Alyscamps*.

Abb. 70 (oben rechts) Arles, römischer Lastenkahn aus der Rhône im *Musée de l'Arles antique*.

erst in den 90er Jahren so eingerichtet. So wurde aus van Goghs nächtlicher Fantasterei eine touristische Realität.

Der Rest des monumentalen Zentrums von Arelate ist heute fast gänzlich verschwunden – zumindest überirdisch. Einige Schritte südlich des *Place du Forum* kann man nämlich durch die Eingangshalle des Rathauses den erhaltenen Unterbau des Forums betreten, die Kryptoportiken. Nachdem man mehrere Treppen in den Keller gestiegen ist, befindet man sich unter einem 3 m hohen Tonnengewölbe, vor sich eine 89 m lange Doppelgalerie, die nur mit spärlichen gelben Lampen beleuchtet ist. Dieses Gewölbe besteht aus insgesamt drei hufeisenförmig angeordneten Doppelgalerien, die Quergalerie misst 59 m. Von den Galerien zweigen weitere Schächte und Kammern ab. Dieser Unterbau für das Forum war notwendig, da der Untergrund zur Rhône hin abschüssig war und man eine ebene Fläche für das Forum und die angrenzenden Bauten brauchte. Aus diesem Grund war der Unterbau nach Norden hin geöffnet. An dieser Stelle tut sich die Frage nach der Funktion der Gewölbe auf. Mangelnder Schmuck an den Öffnungen und Wänden sowie archäologische Funde von Eichenholz, das als Boden ausgelegt war, deuten auf eine Funktion als Vorratsspeicher hin.

Zwischen dem Forum und dem römischen Theater befindet sich der *Place de la République*, in dessen Mitte sich ein Brunnen mit einem Obelisken, der zum römischen Circus, der Pferderennbahn, gehörte, die sich auf der Höhe des Antikenmuseums befand und bis auf wenige freigelegte Grundmauern nicht mehr erhalten ist. Der Obelisk gehörte, wie damals üblich, zur *spina*, dem Bereich in der Mitte der Rennbahn, von der aus die Runden gezählt wurden. Man vermutet, dass er im 4. Jh. nach Arles gebracht wurde. Das Material ist Granit, welches wahrscheinlich aus der Provinz Asia Minor stammte. An dieser Stelle wurde der Obelisk 1676 auf einem Sockel neu aufgerichtet, um dem neuen Rathaus noch mehr Glanz zu verleihen. Seit seinem erstmaligen Fund 1389 wurde der an sich schmucklose Obelisk je nach Mode unterschiedlich verziert, bis er schließlich im 19. Jh. sein jetziges Aussehen mit den bronzenen Löwen erhielt.

Über diese imposanten Gebäude hinaus hatte Arelate auch ein großes Gräberfeld, das sich mit der Zeit von seiner Stadt „emanzipierte“ und selbst zu einer Berühmtheit wurde. Die sog. elysischen Felder – *Les Alyscamps* – befinden sich südöstlich der Altstadt. Über eine schattige, von hunderten Sarkophagen (Abb. 69) gesäumte Kiesstraße gelangt man zu der nie vollendeten Kirchenruine St. Honorat aus dem 12. Jh. An der breitesten Stelle stehen die Sarkophage in mehreren Reihen ordentlich nebeneinander, die meisten sind oben offen und ohne Schmuck. Wenige tragen nicht mehr zu entziffernde Inschriften, auf anderen wiederum erkennt man kleine Symbole aus dem Handwerkerbetrieb wie Scheren oder Senkbleie, die auch im Inneren von St. Honorat zu finden sind und für Vergänglichkeit stehen. Es gibt auch mehrere Mausoleen, die sich reiche Familien entlang der Gräberstraße errichten ließen. Der hier zu besichtigende Teil ist jedoch nur ein Bruchstück des ursprünglichen Ausmaßes. Mit dem frühen Christentum wurden die ersten Bischöfe von Arles hier bestattet, was in der Spätantike zu einer wachsenden Beliebtheit des Friedhofes weit über Arelate hinaus führte. Beliebt wurde der Ort auch wieder im 12. Jh., da hier mit der Via Tolosana einer der Hauptpilgerwege nach Santiago de Compostela begann (und noch beginnt).

Viele prachtvolle Särge sind im Laufe der Zeit gestohlen worden oder zu Viehtrögen umfunktioniert worden, außerdem wurde die Fläche des Friedhofs durch zunehmende Bebauung immer mehr verringert. Die schönsten und wertvollsten Sarkophage sind im Antikenmuseum von Arles zu sehen. Das *Musée de l'Arles antique* befindet sich wenige 100 m westlich der Altstadt. Der moderne dreieckige Bau führt den Besucher in einem thematischen Rundgang durch die verschiedenen Facetten des römischen Lebens in und um Arles, wobei es einige phantastische Fundstücke zu besichtigen gibt. Die von den *Alyscamps* stammenden Sarkophage gehören zu den wertvollsten Fundstücken, allen voran der dreistöckige „Trinitäts-Sarkophag“ aus dem 4. Jh., auf dem in liebevoller Kleinarbeit Szenen aus dem Alten Testament abgebildet sind. Wer sich eher für das Praktische interessiert, wird im 2013 erbauten Anbau fündig, in dem eines der neueren Fundstücke ausgestellt ist: ein 31 m langer römischer Lastkahn aus dem 1. Jh., der zusammen mit etwa 20 weiteren römischen Schiffswracks in der Rhône entdeckt wurde. Dieser Lastenkahn (Abb. 70) wurde unter großem Aufwand geborgen und restauriert, sogar seine Ladung hat man noch an Ort und Stelle gefunden – weiße Marmorbrocken, bereit zur Weiterverarbeitung. Die Bergungs- und Restaurierungsarbeiten sind in einem interessanten Video zu sehen.

Literatur:

Hejmans, M. et al: Arles antique. Guides archéologiques de la France. Paris 2006.

Besonders in der frühen Kaiserzeit muss Nemausus Pilgerort für viele Anhänger des Augustus gewesen sein, denn hier wohnten die Veteranen, deren Muskeln und Schwerter ihn zum Kaiser gemacht hatten. Auch Agrippa hatte einen wesentlichen Anteil an diesem Triumph und so wurden seine mit Augustus gemeinsamen Erben hier verewigt.

39 NÎMES – COLONIA AUGUSTA NEMAUSUS ODER WIR SIND KAISER: AUGUSTUS UND AGRIPPA AUF DER ERFOLGSWELLE

FRANKREICH | Okzitanien

Zwar liegt das antike Nemausus etwa 25 km westlich der Via Agrippa, doch zeigt diese Stadt wie kaum eine andere, wieviel Marcus Vipsanius Agrippa tatsächlich für das römische Reich geleistet hat und wie sehr Kaiser Augustus ihm verbunden war. Augustus siedelte hier die Veteranen der Schlacht an, deren Sieg ihn zum Kaiser gemacht hatte: der Triumph über Marcus Antonius und Kleopatra im Jahr 31 v. Chr., der gleichzeitig den Sieg über Ägypten darstellte. Er hatte ihn vor allem seinem Feldherrn und Vertrauten Agrippa zu verdanken. Mit der Ansiedlung der Soldaten machte Augustus Nemausus zur römischen Kolonie. Diese ruhmreiche Unterwerfung Ägyptens wurde wenig später auf Münzen festgehalten, deren Motiv es bis auf das Nîmer Stadtwappen geschafft hat: eine Palme mit einem Lorbeerkranz, an die ein Krokodil gekettet ist, dazu die Lettern COL NEM (Colonia Nemausus). Dieses Ereignis ließ Augustus und Agrippa, die sich schon seit ihrer Jugend kannten, vermutlich noch mehr zusammenwachsen. Um Agrippa, dem er sogar während einer schweren Erkrankung die Fäden über das gesamte Imperium in die Hände gab, noch näher an seine Familie zu binden, gab Augustus ihm 21 v. Chr. seine Tochter Iulia zur Frau, die seinem Freund fünf Kinder schenkte. Die beiden ältesten Söhne, Gaius und Lucius, waren nun direkte Nachfahren von Augustus, der sie adoptierte, um sie zu seinen Nachfolgern machen zu können. Daraufhin wurde ihnen der wahrscheinlich bereits vorher erbaute Augustustempel in Nemausus geweiht, wodurch Agrippas Söhne schon im Kindesalter vergöttlicht wurden. Unglücklicherweise starben beide schon als Jugendliche und wurden niemals Kaiser.

Der Tempel jedoch hat sie um zwei Jahrtausende überlebt, er steht heute als sog. *Maison Carrée* (Abb. 71) im Herzen der Altstadt. Noch heute kann man sehen, dass er einst das Forum durch seine doppelt erhöhte Lage dominierte. Vorn an der Straße kann man einige Stufen auf das Originalniveau des Forums herabsteigen, das etwa einen Meter tiefer lag als der offene Umgang des Tempels, der sich auf dem Niveau des jetzigen Platzes

Abb. 71 Nîmes, Augustustempel *Maison Carrée*.

befand. Dieser gehörte bereits zum heiligen Bezirk. Von dort musste man noch einmal mehrere Stufen erklimmen, um zur *cella* zu gelangen. Typisch römisch ist der Aufbau des Tempels, vergleichbar dem in Vienna, mit einem rechteckigen Grundriss und einer *cella*, die nur eine Öffnung nach vorne hat. Besonders schön ist der mittlere Architrav, der mit einem kunstvollen Blumenmuster verziert ist. An der Vorderseite erkennt man noch die Löcher, an denen einmal die Weihinschrift befestigt war. Vom Inventar der *cella* ist nichts erhalten, was daran liegt, dass der Tempel während der Jahrhunderte viele verschiedene Funktionen innehatte. So wurde er schon im 5. Jh. als Kirche genutzt, später als Versammlungsraum und als Pferdestall, bevor er 1823 zum Museum gemacht wurde. Aus dieser Zeit stammt auch die imposante Eingangstür. Heute ist die *cella* meistens verschlossen, wird aber immer wieder für Ausstellungen genutzt und so der Öffentlichkeit zugänglich gemacht.

Neben diesem Tempel gibt es noch weitere sehr gut erhaltene steinerne Zeugen der Zeit Agrippas und Augustus' zu sehen.
Auf der Spitze des *Mont Cavalier* befindet sich die *Tour Magne* (Abb. 72), ein massiver, 32 m hoher Wachturm der römischen Stadtmauer, den Kaiser Augustus errichten ließ. Sehr gut erkennt man den achteckigen Sockel, der einen schmaleren Aufsatz trägt, welcher in der oberen Etage mit Pilastern verziert ist. Diese Verzierung zeigt, dass der Turm neben seiner Wachfunktion auch repräsentative Zwecke hatte. Ursprünglich wurde der Turm oben mit einer Plattform abgeschlossen, die heute nicht mehr existiert. Dennoch kann man auch heute noch von dort oben einen herrlichen Blick über Nîmes genießen. Dafür muss man im Innern eine moderne Wendeltreppe hochsteigen. Innen ist der Turm mindestens genauso interessant wie au-

ßen. Zunächst fällt auf, dass der Innenraum nur künstlich beleuchtet wird, es gibt also keine Fenster. Sofort stößt man auch auf die Innenwände des Turms, die merkwürdig roh und unförmig aussehen. Dies sind die Reste eines von den Kelten erbauten Turms aus dem 3. Jh. v. Chr. Die Römer haben dem älteren Bauwerk ihren eigenen Turm einfach übergestülpt. Dabei fragt man sich, wie damals wohl das Innenleben ausgesehen hat, denn heute ist der Turm schlichtweg hohl.

Flaniert man nun durch den Park des *Mont Cavalier* abwärts, stößt man am *Jardin de la Fontaine* auf ein weiteres Relikt aus römischer Zeit. Etwas versteckt zwischen Bäumen ragt ein gut erhaltenes Gemäuer hervor, das man sogar betreten kann. Die Fassade hat ein mittiges Eingangsportal, welches von zwei weiteren Toren oder ehemals Fenstern flankiert wird. Die Ruine deutet eine zweite Etage mit weiteren Fenstern an. Das Gebäude war einst recht groß, was man anhand der zahlreichen z. T. zerstörten Gänge und Kammern erkennen kann. Gut erhalten ist allerdings die Halle direkt hinter dem Eingangsportal, ein Hauptschiff mit Tonnengewölbe, 14 x 9 m groß, mit jeweils fünf Nischen an der Längsseite, die abwechselnd mit einem dreieckigen und einem halbrunden Giebelrelief gekrönt sind. Am Kopf des Raumes befindet sich ein durch zwei eckige Säulen abgesetzter Bereich. Die Funktion des Gebäudes ist nicht ganz klar. Es wurde wahrscheinlich an Stelle des keltischen Heiligtums zu Ehren des Gottes Nemausus errichtet, welcher der Stadt ihren Namen gab. Vermutlich handelte es sich um ein Nymphäum oder ein religiöses Gebäude des Kaiserkultes. Woher der Name Dianatempel stammt, ist ungewiss.

Neues Römisches Museum
in Nîmes geplant, voraussichtliche Eröffnung im Frühjahr 2018 gegenüber dem Amphitheater

Nordöstlich von hier an der *Rue de la Lampèze* mündete in römischer Zeit die Wasserleitung, die auch über den Pont du Gard floss, in das Verteilbecken *Castellum Divisorium* (lat. *dividere* = verteilen). Man kann heute noch das runde, ca. 6 m im Durchmesser große Becken (Abb. 73) mit dem viereckigen Zufluss an der Hügelseite und zehn runden Löchern sehen. Durch diese wurde das Wasser in alle Richtungen der Stadt, zu öffentlichen Anlagen und Privatvillen weitergeleitet. Auf dem Boden des Beckens gab es drei kleinere Säuberungsabflüsse und einen großen gemauerten Wasserkanal, er wird teilweise noch von massiven Steinplatten bedeckt. Die Mauerreste um das Becken herum geben einen kleinen Eindruck von dem Gebäude, das die Anlage einst umgeben hat.

Als zweites Relikt der ehemals 7 km langen unter Augustus errichteten Stadtmauer ist die *Porte d'Auguste*, das Haupteingangstor im Osten der Stadt, heute an der Ecke *Boulevard Gambetta* und *Boulevard Amiral Courbet*, durch das die Via Domitia, aus Richtung Glanum kommend, in die Stadt hinein führte. Das Tor liegt tiefer als das heutige Bodenniveau und offenbart sich entgegen den reich verzierten Ehrenbögen als echtes Stadttor. Bis auf einige Nischen für Statuen sowie Pilaster ist die erhaltene Fassade recht schmucklos, ähnlich den Stadttoren in Autun im Norden

Abb. 72 (oben rechts) Nîmes, römischer Wachturm *Tour Magne.*

Abb. 73 (oben links) Nîmes, Wasserverteilungsbecken *Castellum Divisorium.*

Galliens. Wie dort gibt es auch hier zwei Haupttore für Fuhrwerke und zwei kleinere, außen liegende Durchgänge für Fußgänger. Auf der Rückseite sind noch zwei parallel zur antiken Straße verlaufende, mit hohen Fensternischen versehene Mauern sichtbar, die die Fußgängerwege von der Straße trennten.

Weiter nach Süden, entlang des *Boulevard Amiral Courbet*, vorbei am archäologischen Museum, in dem man kleinere Fundstücke aus Nemausus sowie einige schöne Mosaike bewundern kann, gelangt man schließlich zum letzten großartigen Zeugen der römischen Ära, dem Amphitheater. Unmerklich kleiner als das in Arles, gleicht es jenem aber auffallend durch die gleiche Anzahl an Bögen, was auf denselben Architekten aus dem 1. Jh. schließen lässt. Das Amphitheater ist sehr gut erhalten, was dem Umstand zu verdanken ist, dass es viele Jahrhunderte lang bewohnt und zugebaut war. Sogar die Attika, der obere Abschluss des Rondells, ist zu großen Teilen erhalten. Hier kann man noch die Löcher erkennen, in denen das Velum, das Sonnensegel, befestigt war, das an heißen Tagen das Publikum vor der Sonne schützte. Heute spielen Popgrößen wie David Guetta ausverkaufte Konzerte in der antiken Spielearena.

Literatur:

Cleere, H.: Southern France. Oxford Archeological Guides. New York 2001. 83–88.

Eigentlich müsste man ihn Pons Agrippae – Brücke des Agrippa – nennen, da es vermutlich niemand anderes war als der tatenkräftige Statthalter Galliens, der den Bau dieses weltberühmten Bauwerkes veranlasst hat. Die einfache Schönheit seiner ungleichen Bögen zieht seit Jahrhunderten viele Besucher an.

40 VERS-PONT-DU-GARD, CASTILLON-DU-GARD, REMOULINS – DER PONT DU GARD: VÖLLIG VERKALKT UND IMMER NOCH EIN STAR

FRANKREICH Okzitanien

Agrippa ließ im Rahmen seines Infrastrukturprogrammes nicht nur Straßen ausbauen, sondern auch Wasserleitungen errichten, um den Städten einen Lebensstandard zu gewährleisten, der einer römischen Provinz angemessen war. Eine der wahrscheinlich von ihm in Auftrag gegebenen Wasserleitungen war die fast 50 km lange Leitung, die das nahe gelegene Nîmes mit Wasser aus den Cevennen versorgte. Das berühmteste Teilstück dieser Leitung ist der Pont du Gard (Abb. 74), eine Aquäduktbrücke, die heute immer noch zwischen den Ortschaften Vers-Pont-du-Gard, Castillon-du-Gard und Remoulins den Fluss Gard überspannt. Das Bauwerk ist beeindruckend und wunderschön mit seinen drei übereinanderliegenden Arkadenreihen. Die unteren beiden Reihen haben große Bögen, deren Pfeiler jeweils genau übereinanderstehen, die aber beim zweiten Hinsehen unterschiedlich breit sind. Die oberste Reihe, welche die Wasserleitung trägt, setzt sich mit ihrer viel niedrigeren Höhe und den kleinen Bögen optisch ab. Insgesamt ist der Aquädukt 50 m hoch. Man kann die Wasserleitung zwar nicht betreten oder von oben sehen, doch man kann erkennen, dass sie streckenweise noch mit steinernen Platten abgedeckt ist, die zum Schutz des Wassers dienten. Seit seinem Bau im 1. Jh. v. Chr. hielt er allen Unwettern und Überschwemmungen stand, zuletzt im Jahr 2002, als durch eine Unwetterflut 20 Menschen im Gard ertranken. Im Sommer jedoch treibt der Fluss gemächlich durch die schroffen Felshänge und man kann vor dem Panorama des Bauwerks ohne Gefahr baden gehen. Wie lange der Aquädukt in Betrieb war, weiß man nicht genau, auf jeden Fall lange genug, um die Wasserleitung mit einer bis zu 50 cm dicken Kalkschicht zu bedecken. Zum Schluss haben aufgrund dieser Verengung wahrscheinlich nur noch 15 % der ursprünglichen Wassermenge – ca. 20.000 m^3 pro Tag – durch die Leitung gepasst. Ein Versagen der Reinigungskräfte?

Im Mittelalter wurde auf der östlichen Seite des Aquädukts die untere Bogengalerie verbreitert und der Anbau mit einer Straße versehen, sodass

Abb. 74 Pont du Gard.

aus dem Aquädukt tatsächlich ein Pont - eine Brücke - wurde. Heute bietet dieser Übergang den Touristen die einzigartige Möglichkeit, dem Bauwerk ganz nah zu kommen, ohne ins Wasser springen zu müssen. Zum Glück wurde die angebaute Brücke im 18. Jh. generalüberholt und der Bausubstanz und der Architektur des Originalbauwerks angepasst, sodass man den Anbau beim ersten Hinsehen gar nicht bemerkt.

Am besten nähert man sich ihr von den umliegenden Ortschaften aus zu Fuß oder mit dem Fahrrad, denn von beiden Seiten des Gard strandet man mit dem Auto auf teuren Bezahlparkplätzen. Für das eingezäunte Areal um die Brücke herum muss man selbst jedoch keinen Eintritt bezahlen, wenn man nicht das Museum besuchen möchte.

Literatur:

Cleere, H.: Southern France. Oxford Archeological Guides. New York 2001. 94–99.

GLOSSAR

Amphitheater	Rundtheater der römischen Antike
Agora	Fest- und Versammlungsplatz im antiken Griechenland
Agrippinenser	Bezeichnung der antiken Einwohner Kölns
Apodyterium	Umkleideraum in der antiken Therme
Apsis	Meist halbkreisförmiger, an den Hauptraum anschließender Raumteil
Aquädukt	Antike Wasserleitung
Architrav	Ein meist durch Säulen gestützter, einen Oberbau tragender Horizontalbalken
Attika	Aufmauerung im Dachbereich, bei Triumphbögen u. ä. werden hier gerne Inschriften angebracht oder Figuren aufgestellt
Bemaschranke	Trennt den Kirchenchor vom restlichen, für alle zugänglichen Teil der Kirche
Bouleuterion	Versammlungsraum des Stadtrates im antiken Griechenland
Caldarium	Heißbad in der antiken Therme
Cardo Maximus	Hauptachse einer römisch angelegten Stadt in Nord-Süd-Richtung
Cavea	Halbrund angelegter Zuschauerbereich im antiken Theater
Cella	Innerer Hauptraum eines antiken Tempels
Chor	Altarraum in einer Kirche
Cicero, Marcus Tullius	Berühmter Redner und Staatsmann in Rom (106-43 v. Chr.)
Circus	Langgestreckte Arena, in der vorwiegend Pferderennen stattfanden (gr. Hippodrom)
Curia	Versammlungsort von Volkvertretern in Rom
Decumanus Maximus	Hauptachse einer römisch angelegten Stadt in Ost-West-Richtung
Ehrenbogen	Nicht vom römischen Senat beschlossene Bogenbauten, gestiftet z. B. von Städten oder Privatpersonen
Fanum	Heiliger Bezirk, Heiligtum
Flavier	Römisches Kaisergeschlecht ab 69 n. Chr.
Fries	Waagerechtes Stilelement in der Architektur, meist in Form eines schmalen Streifens
Frigidarium	Kaltbad in der antiken Therme
Hexameter	Klassisches Versmaß der epischen Dichtung
Horreum	Römisches Lagerhaus
Hypokaustenheizung	Antike Warmluftheizung, bei der der Fußboden auf heißen Ziegeltürmchen ruhte und von diesen erwärmt wurde
Insula	Römischer Wohnblock
Itinerarium Antonini	Antikes Verzeichnis der wichtigsten römischen Reichsstraßen
Iulier	Römisches Adelsgeschlecht, das angeblich auf Aeneas und seine Mutter Venus zurückging und dessen Angehörige sich deshalb als göttlich sahen, z. B. Iulius Caesar
Kaiserkult	Kultische Verehrung des römischen Kaisers
Kapitell	Abschluss einer Säule
Korinthisch	Eine der klassischen fünf Säulenordnungen
Kurie	Siehe curia

Legat	Bezeichnung verschiedener Ämter im römischen Reich, z. B. ein Gesandter
Limes	Gesicherter Grenzwall
Medusa	Geflügelte Schreckensgestalt aus der griechischen Mythologie, die Schlangenhaare hat und jeden, der sie ansieht, zu Stein werden lässt
Nekropole	Baulich gestaltete Begräbnisstätte in der Antike
Octavian	Bezeichnung Augustus' vor seiner Rolle als Kaiser
Oppidum	Befestigte Siedlung
Opus Mixtum	Römische Bauweise, bei der abwechselnd Steine und Ziegel verwendet werden
Orchestra	Tanz- und Spielfläche im antiken Theater
Palaestra	Sportplatz, häufig in Thermenkomplexe integriert
Pfahljochbrücke	Auf quer in den Fluss gerammten Pfählen ruhende Brücke
Pilaster	Ins Mauerwerk eingearbeiteter Wandpfeiler, oft als Dekoration
Praetor	Inhaber eines hohen Amtes in der römischen Ämterlaufbahn
Roma	Gottheit, die den römischen Staat personifizierte
Sarazenen	Auf der arabischen Halbinsel siedelnder Volksstamm
scena	Bühnengebäude hinter der orchestra im antiken Theater
spina	Mittelstück des antiken Circus, in dem sich die Schiedsrichter befanden
tepidarium	Warmluftraum in der antiken Therme, ähnlich unserer Sauna
Trasse	Verlauf einer Straße
Triumphbogen	Freistehender, verzierter Torbogen, der in Rom zu Ehren siegreicher Feldherren aufgestellt wurde
Vandalen	Germanischer Volksstamm
Velum	Sonnensegel, das im antiken Theater und Amphitheater verwendet wurde
Vicus	Antike Straßensiedlung
Villa Rustica	Römisches Landgut mit landwirtschaftlicher Ausrichtung
Zenturie	Fläche von ca. 50 ha

ABBILDUNGSNACHWEIS

Abb. 60: © EmDee, Wikimedia Commons, https://commons.wikimedia.org/wiki/File:Saint-Paul-Trois-Ch%C3%A2teaux_TR_01.JPG

Abb. 15: Plan Bitburg erstellt nach Vorlage Landesmuseum Trier von Peggy und Patrick Leiverkus

Alle übrigen Abbildungen und Karten: Peggy und Patrick Leiverkus